危险货物道路运输安全管理手册丛书

知识问答篇

危险货物道路运输安全管理手册

严　季◎主编

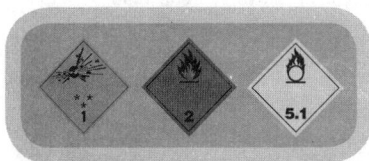

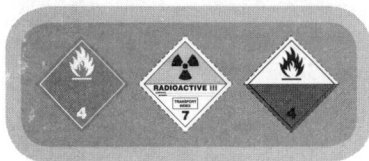

人民交通出版社股份有限公司
China Communications Press Co.,Ltd.

内 容 提 要

　　本书为危险货物道路运输安全管理手册丛书之一，以问答的形式，重点介绍了《中华人民共和国安全生产法》《道路危险货物运输管理规定》对危险货物道路运输企业和有关管理部门的法定职责要求，讲解了涉及危险货物道路运输的基本概念、有关名词术语，同时解答了危险货物道路运输安全管理工作中具有代表性的典型疑难问题。

　　本书可供我国危险货物道路运输相关管理人员、科学研究人员和企业从业人员学习使用。

图书在版编目(CIP)数据

危险货物道路运输安全管理手册. 知识问答篇 / 严季主编. — 北京：人民交通出版社股份有限公司，2018.11

ISBN 978-7-114-15101-9

Ⅰ. ①危… Ⅱ. ①严… Ⅲ. ①公路运输—危险货物运输—交通运输安全—标准—中国—问题解答 Ⅳ. ①D922.145②U492.8-65

中国版本图书馆 CIP 数据核字(2018)第 252286 号

Weixian Huowu Daolu Yunshu Anquan Guanli Shouce (Zhishi Wenda Pian)

书　　名：危险货物道路运输安全管理手册(知识问答篇)
著 作 者：严　季
责任编辑：董　倩　刘　博
责任校对：宿秀英
责任印制：张　凯
出版发行：人民交通出版社股份有限公司
地　　址：(100011)北京市朝阳区安定门外外馆斜街 3 号
网　　址：http://www.ccpress.com.cn
销售电话：(010)59757973
总 经 销：人民交通出版社股份有限公司发行部
经　　销：各地新华书店
印　　刷：北京鑫正大印刷有限公司
开　　本：787×1092　1/16
印　　张：8
字　　数：163 千
版　　次：2018 年 11 月　第 1 版
印　　次：2018 年 11 月　第 1 次印刷
书　　号：ISBN 978-7-114-15101-9
定　　价：32.00 元

(有印刷、装订质量问题的图书由本公司负责调换)

前言 PREFACE

《中华人民共和国安全生产法》第三十六条要求,生产经营单位运输危险物品,必须执行有关法律、法规和国家标准或者行业标准,建立专门的安全管理制度,采取可靠的安全措施,接受有关主管部门依法实施的监督管理;第二十四条要求,生产经营单位的主要负责人和安全生产管理人员必须具备与本单位所从事的生产经营活动相应的安全生产知识和管理能力。

从事危险货物道路运输安全管理工作的人员,不仅要依法学习有关法律、行政法规、部门规章和国家标准、行业标准,还要熟悉危险货物的概念、分类、特性以及危险货物道路运输管理、从业人员管理、车辆管理、风险管理、隐患排查等专业知识。危险货物道路运输不仅政策性很强,而且专业性强,要求危险货物道路运输管理人员必须加强法规、标准和专业知识的学习。

为进一步贯彻《中华人民共和国安全生产法》的有关要求,落实企业主体责任,切实提高企业管理水平,改变企业安全管理"工作喊口号、制度挂墙上、工作无抓手"的现状,编者根据危险货物道路运输企业的要求和实际情况,编写了更具有操作性、更具体和更细化的安全管理丛书,以指导危险货物道路运输企业开展安全管理工作。

危险货物道路运输安全管理手册丛书包括以下图书:

(1)危险货物道路运输安全管理手册(法规篇);

(2)危险货物道路运输安全管理手册(标准篇);

(3)危险货物道路运输安全管理手册(危险货物和危险化学品篇);

(4)危险货物道路运输安全管理手册(风险管理和隐患排查篇);

(5)危险货物道路运输安全管理手册(车辆管理篇);

(6)危险货物道路运输安全管理手册(运输管理篇);

(7)危险货物道路运输安全管理手册(典型案例篇);

(8)危险货物道路运输安全管理手册(知识问答篇);

（9）危险货物品名表及安全卡实用大全。

本书依据有关法律、法规、标准，以问答的形式解答了危险货物道路运输工作中经常遇到的实际问题。具体包括5个单元，明确了基本法理，介绍了《中华人民共和国安全生产法》对危险货物道路运输企业和有关管理部门的法定职责，做到"讲法理，建立依法行政、依法管理、依法经营、依法运输的理念"；讲解涉及危险货物道路运输的基本概念、有关名词术语，做到"讲道理，正确理解、准确把握涉及危险货物道路运输的有关概念"；给出了《道路危险货物运输管理规定》对危险货物道路运输企业和交通运输管理机构的职责要求，做到"职权法定、尽职免责，有所为有所不为"；最后就危险货物道路运输安全管理工作中具有代表性的典型疑难问题，予以解答。

本书由严季担任主编，高卫星、尹宏担任副主编，参编人员有晏远春、杨开贵、沈民、常连玉、刘林烨。

由于作者水平有限，书中难免有不妥之处，敬请有关专家、学者和从事危险货物道路运输管理工作的人员批评指正，以便修订完善。

编　者

2018 年 7 月

目录 CONTENTS

第1单元 基本法理

在危险货物道路运输安全管理工作中,相关政府管理部门要依法治国、依法行政,相关运输企业要依法经营、依法运输,这就要求他们不仅要遵守相关法律、法规、国家和行业标准要求,而且要从基本法理出发,了解和掌握有关基本概念,尽职尽责做好本职工作。

1.什么是法律法规、规章、规范性文件?

《中共中央　国务院关于推进安全生产领域改革发展的意见》中多次提出,要"依法依规"开展安全管理工作。如要求负有安全生产监督管理职责的有关部门依法依规履行相关行业领域安全生产和职业健康监督管理职责;要求各有关部门依法依规制定安全生产权力和责任清单,尽职照单免责、失职照单问责;严格事故直报制度,对瞒报、谎报、漏报、迟报事故的单位和个人依法依规追责等。

1)法律法规

(1)宪法。《中华人民共和国宪法》是我国的根本大法,具有最高法律权威和最高法律效力,是制定普通法律的依据。

(2)法律。法律是指全国人民代表大会及其常务委员会依照法定程序制定,由国家主席签署,并以国家主席令公布实施的规范性文件。其中,由全国人民代表大会制定和修改的法律称为"基本法律",如《中华人民共和国刑法》;由全国人民代表大会常务委员会通过的法律又称为"一般法律",如《中华人民共和国安全生产法》。法律的效力仅次于宪法。

(3)法规。法规通常是对行政法规和地方性法规的总称。

行政法规是国务院根据宪法和法律制定,由国务院总理签署,以国务院令发布实施的规范性文件,如《中华人民共和国道路运输条例》。行政法规的效力低于宪法和法律。

地方性法规有两种。第一种是省(自治区、直辖市)人民代表大会及其常务委员会制定,由大会主席团或常务委员会用公告公布施行的规范性文件,如《山东省道路运输条例》;这种地方性法规在本行政区域内有效,其效力低于宪法、法律和行政法规。第二种是省(自治区、直辖市)人民政府所在地的市和经国务院批准的较大的市的人民代表大会及其常务委员会制定,报省(自治区、直辖市)人民代表大会常务委员会批准后施行的规范性文件,如《济南市科学技术进步条例》;这种地方性法规在本市范围内有效,其效力低于第一种地方性法规。

2)规章、规范性文件

(1)规章。规章包括部门规章和地方政府规章。

部门规章是指国务院各部(局)、委员会在本部门的权限范围内制定,由部(局)长或委员会主任签署发布的规范性文件,如《放射性物品道路运输管理办法》。部门规章在全国范围内有效,其效力低于法律、法规。

地方政府规章是指省(自治区、直辖市)、其人民政府所在地的市和经国务院批准的较大的市的人民政府制定,由省长、自治区主席、市长签署,以政府令发布实施的规范性文件,如《江西省木材运输监督管理办法》。地方政府规章在本行政区域内有效,其效力低于法律、法规。省(自治区、直辖市)人民政府所在地的市和经国务院批准的较大的市的人民政府制定的规章效力,低于省(自治区、直辖市)人民政府制定的规章。

(2)规范性文件。规范性文件有广义、狭义之分。广义上的规范性文件包括宪法、法律、法规、规章以及国家机关在职权范围内依法制定的具有普遍约束力的文件。狭义上的规范性文件是指除宪法、法律、法规、规章以外的具有普遍约束力的非立法性文件。

我们通常所说的规范性文件是指狭义上的规范性文件,也称行政规范性文件,俗称"红头文件",是指各级人民政府及其工作部门在权限范围内,为实施法律、法规、规章和上级规范性文件,按规定程序发布的在一定时间内相对稳定,规定公民、法人或其他组织的权利义务,具有普遍约束力的行政措施,包括规定、办法、细则、通知、通告、布告等,如《国家林业局关于进一步加强木材运输管理工作的通知》。我国法律法规对于规范性文件的含义、制发主体、制发程序和权限以及审查机制等,尚无全面、统一的规定。

2. 法律法规执行原则是什么?

1) 下位法服从上位法

"下位法服从上位法"是指,当下位法(包括部门规章)违背上位法时,下位法应进行修改或废止,如没有进行修改,在执行时必须自动调整为上位法的要求。随着上位法的不断调整,加之有些下位法发布的时间较长远,故有时在自动调整或废止时并不需要相关部门专门发文告知。

如自2002年3月15日起施行的《危险化学品安全管理条例》(国务院令第344号)第四条规定,……(以下统称危险化学品单位),其主要负责人必须保证本单位危险化学品的安全管理符合有关法律、法规、规章的规定和国家标准的要求,并对本单位危险化学品的安全负责。而自2002年11月1日起施行的《中华人民共和国安全生产法》第十条规定,生产经营单位必须执行依法制定的保障安全生产的国家标准或行业标准。故根据《中华人民共和国安全生产法》第十条的要求,自2011年12月1日起施行的《危险化学品安全管理条例》(国务院令第591号)将第四条调整为,危险化学品单位应当具备法律、行政法规规定和国家标准、行业标准要求的安全条件……

2) 专项法规优于通用法规

"专项法规优于通用法规"是指,在同级法规比较时,专项法规优于通用法规。

如自2004年7月1日起施行的《中华人民共和国道路运输条例》(国务院令第406号)(通用法规)规定,危险货物道路运输应遵守此条例的有关规定。而自2002年3月15日起施行的《危险化学品安全管理条例》(国务院令第344号)(专项法规)原则将"危险化学品"

等同于"危险货物"。根据"专项法规优于通用法规"的原则,危险货物道路运输既要遵守《中华人民共和国道路运输条例》,也要遵守《危险化学品安全管理条例》。

> **特别提醒**:在工作中还应注意"后颁布的法规优先前颁布的法规"的法律关系。

3) 法律不溯及既往

"法律不溯及既往"主要适用刑法,不适用行政法。

如《易制毒化学品管理条例》(国务院令第445号)第四十五条规定,本条例自2005年11月1日起施行。本条例施行前已经从事易制毒化学品生产、经营、购买、运输或进口、出口业务的,应当自本条例施行之日起6个月内,依照本条例的规定重新申请许可。即新的法规颁布修订后,会给相关企业一个过渡、调整期,以达到新的法规要求。

第2单元 《中华人民共和国安全生产法》相关要求

本单元主要介绍《中华人民共和国安全生产法》（中华人民共和国主席令第13号，自2014年12月1日开始施行，以下简称《安全生产法》）中危险货物道路运输的相关要求。

1. 我国安全生产理念、安全生产方针、安全生产工作机制是什么？

1) 安全生产理念

《安全生产法》确立了"以人为本、坚持安全发展"的安全生产理念，在法律上提出了明确要求，对于在各项安全生产工作中更好地落实和体现安全生产理念，具有重要的现实意义。

（1）以人为本。一是要求安全生产工作始终要把保障人民群众生命和财产安全作为根本出发点和落脚点，所有有关安全生产的方针政策、法律制度、工作安排和实施等必须紧紧围绕并服从、服务于该根本要求。二是要求安全生产工作必须坚持依靠群众，充分调动包括从业人员在内的广大人民群众的主动性和积极性。

（2）坚持安全发展。安全发展在我国安全生产工作中具有重要的战略性地位，安全生产是安全发展的重要组成部分，安全生产工作必须坚持安全发展。

2) 安全生产方针

《安全生产法》确立了"安全第一、预防为主、综合治理"的安全生产"12字方针"，明确了安全生产的重要地位、主体任务和实现途径。

（1）安全第一。要求从事生产经营活动必须把安全放在首位，不能以牺牲人的生命、健康为代价换取发展和效益。

（2）预防为主。要求把安全生产工作的重心放在预防上，强化隐患排查治理。

（3）综合治理。要求运用行政、经济、法治、科技等多种手段，充分发挥社会、职工、舆论监督各个方面的作用，抓好安全生产工作。

3) 安全生产工作机制

《安全生产法》确立了"生产经营单位负责、职工参与、政府监管、行业自律和社会监督"的安全生产工作机制，要求明确各方面权利义务和责任，形成齐抓共管的工作格局。

（1）生产经营单位负责。做好安全生产工作，落实生产经营单位主体责任是根本。生产经营单位负责是安全生产工作机制的根本和核心。

（2）职工参与。一方面，保障生产经营活动直接操作者的切身利益，是我国基层民主的重要组成部分和建立现代企业制度的要求，有利于充分调动职工的积极性，发挥其主人翁作用。另一方面,做好安全生产工作需要职工积极履行遵章守纪、按章操作等义务。没有职工的参与和配合,就不可能真正做好安全生产工作。

(3)政府监管。充分发挥政府在安全生产方面的监督管理作用,以国家强制力为后盾,保证安全生产法律、法规以及相关标准得到切实遵守,及时查处、纠正安全生产违法行为,消除事故隐患。政府监管是保障安全生产不可或缺的重要方面。

(4)行业自律。在市场经济条件下,必须充分发挥行业协会等社会组织的作用,加快形成政社分开、权责明确、依法自治的现代社会组织体制,强化行业自律,使其真正成为提供服务、反映诉求、规范行为的重要社会自治力量。

(5)社会监督。充分发挥包括工会、基层群众自治组织、新闻媒体以及社会公众在内的社会监督作用,实现群防群治,将安全生产工作置于全社会的监督之下。

2. 生产经营单位的主体责任是什么?

《安全生产法》第四、十条规定,生产经营单位的主体责任有:遵守《安全生产法》和其他有关安全生产的法律、法规,执行依法制定的保障安全生产的国家标准或行业标准;加强安全生产管理,建立健全安全生产责任制和安全生产规章制度,改善安全生产条件,推进安全生产标准化建设,提高安全生产水平,确保安全生产。

(1)遵守有关安全生产的法律、法规,执行依法制定的保障安全生产的国家标准或行业标准,是生产经营单位的基本义务,也是保障安全生产的重要前提。而坚决贯彻实施、解决有法不依的问题是关键。

知识链接

《安全生产法》第三十六第二款针对生产经营单位生产、经营、运输、储存、使用危险物品或处置废弃危险物品的,进一步要求必须执行有关法律、法规及相关标准,建立专门的安全管理制度,采取可靠的安全措施,接受有关主管部门依法实施的监督管理。

(2)生产经营单位必须加强安全生产管理,确保安全生产。

①安全生产责任制是明确本单位各岗位的安全生产责任及其配置、分解和监督落实的制度体系,是保障本单位安全生产的核心制度。安全生产规章制度是生产经营单位根据有关法律、法规、规章,结合本单位实际情况和特点制定的有关安全生产管理的规范和制度,是本单位安全生产管理最直接的依据。因此,生产经营单位要加强安全生产管理,就必须建立健全安全生产责任制和安全生产规章制度。

特别提醒:"安全生产规章制度"是《安全生产法》修订时增加的内容。

②安全生产条件是指保证生产经营活动安全所需要的各种必要条件,包括设施、设备、场所、环境、技术等方面。生产经营单位不仅要持续具备必要的安全生产条件,而且要根据实际需要和自身能力,加大投入,采取措施不断改善安全生产条件,提高本单位安全生产的

保障水平。

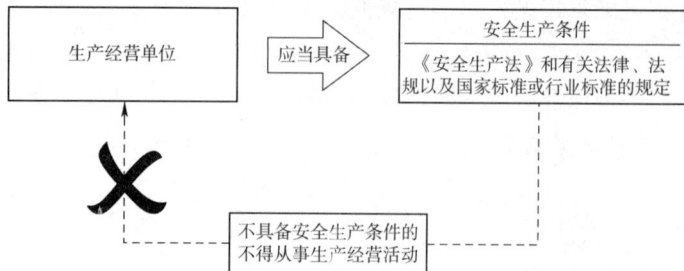

③安全生产标准化是指通过建立安全生产责任制,制定安全管理制度和操作规程,排查治理隐患和监控重大危险源,建立预防机制,规范生产行为,使各个生产环节符合有关安全生产法律法规和标准规范的要求,人、机、物、环境处于良好的生产状态,并持续改进,不断加强生产经营单位安全生产规范化建设。推进安全生产标准化工作,是加强安全生产工作的一项长远性、基础性和根本性工作,是提高生产经营单位安全管理水平的一项系统工程,是落实生产经营单位主体责任、建立安全生产长效机制的重要途径。

特别提醒: "推进安全生产标准化建设"是《安全生产法》修订时增加的内容。

3. 生产经营单位主要负责人的法定职责是什么?

1) 法定职责

《安全生产法》第五条规定,生产经营单位的主要负责人对本单位安全生产工作全面负责。第十八条给出了具体职责:

(1)建立健全本单位安全生产责任制;

(2)组织制定本单位安全生产规章制度和操作规程;

(3)组织制定并实施本单位安全生产教育和培训计划;

(4)保证本单位安全生产投入的有效实施;

(5)督促、检查本单位的安全生产工作,及时消除生产安全事故隐患;

(6)组织制定并实施本单位的生产安全事故应急救援预案;

(7)及时、如实报告生产安全事故。

知识链接

危险货物道路运输企业应参照《危险货物道路运输企业运输事故应急预案编制要求》(JT/T 911—2014)、《危险货物道路运输企业安全生产管理制度编写要求》(JT/T 912—2014)、《危险货物道路运输企业安全生产责任制编写要求》(JT/T 913—2014),制定本企业的运输事故应急预案、安全生产规章制度和安全生产责任制。

2）未尽责后果

《安全生产法》第九十条规定，生产经营单位的决策机构、主要负责人或个人经营的投资人不依照本法规定保证安全生产所必需的资金投入，致使生产经营单位不具备安全生产条件的，责令限期改正，提供必需的资金；逾期未改正的，责令生产经营单位停产停业整顿。

有前款违法行为，导致生产安全事故的，对生产经营单位的主要负责人给予撤职处分，对个人经营的投资人处2万元以上20万元以下的罚款；构成犯罪的，依照刑法有关规定追究刑事责任。

> **特别提醒：安全生产是企业的头等大事！**

第九十一条规定，生产经营单位的主要负责人未履行本法规定的安全生产管理职责的，责令限期改正；逾期未改正的，处2万元以上5万元以下的罚款，责令生产经营单位停产停业整顿。

有前款违法行为，导致生产安全事故的，给予撤职处分；构成犯罪的，依照刑法有关规定追究刑事责任。

生产经营单位的主要负责人依照前款规定受刑事处罚或撤职处分的，自刑罚执行完毕或受处分之日起，5年内不得担任任何生产经营单位的主要负责人；对重大、特别重大生产安全事故负有责任的，终身不得担任本行业生产经营单位的主要负责人。

> **特别提醒：安全促进生产，生产必须安全！**

第九十二条规定，生产经营单位的主要负责人未履行本法规定的安全生产管理职责，导致生产安全事故的，由安全生产监督管理部门依照下列规定处以罚款：

（1）发生一般事故的，处上一年年收入30%的罚款；

（2）发生较大事故的，处上一年年收入40%的罚款；

（3）发生重大事故的，处上一年年收入60%的罚款；

（4）发生特别重大事故的，处上一年年收入80%的罚款。

第九十四条规定，危险物品的生产、经营、储存单位以及矿山、金属冶炼、建筑施工、道路运输单位的主要负责人和安全生产管理人员未按照规定经考核合格的，限期改正，可以处5万元以下的罚款；逾期未改正的，责令停产停业整顿，并处5万元以上10万元以下的罚款，对其直接负责的主管人员和其他直接责任人员处1万元以上2万元以下的罚款。

第一百零三条规定，生产经营单位与从业人员订立协议，免除或减轻其对从业人员因生产安全事故伤亡依法应承担的责任的，该协议无效；对生产经营单位的主要负责人、个人经营的投资人处2万元以上10万元以下的罚款。

第一百零六条规定，生产经营单位的主要负责人在本单位发生生产安全事故时，不立即组织抢救或在事故调查处理期间擅离职守或逃匿的，给予降级、撤职的处分，并由安全生产监督管理部门处上一年年收入 60% 至 100% 的罚款；对逃匿的处 15 日以下拘留；构成犯罪的，依照刑法有关规定追究刑事责任。

生产经营单位的主要负责人对生产安全事故隐瞒不报、谎报或迟报的，依照前款规定处罚。

4. 生产经营单位安全生产管理人员的资格要求和法定职责有哪些？

1) 资格要求

《安全生产法》第二十四条规定，生产经营单位的主要负责人和安全生产管理人员必须具备与本单位所从事的生产经营活动相应的安全生产知识和管理能力。危险物品的生产、经营、储存单位以及矿山、金属冶炼、建筑施工、道路运输单位的主要负责人和安全生产管理人员，应当由主管的负有安全生产监督管理职责的部门对其安全生产知识和管理能力考核合格。考核不得收费。

(1) 危险货物道路运输企业专职安全管理人员必须对危险货物道路运输工作中所需的安全生产知识（如危险货物性质）有比较具体而深入的了解，并具有一定的管理能力（如从业人员管理和车辆管理）。

(2) 危险货物道路运输企业专职安全管理人员要经交通运输行业管理部门考核合格，方可上岗从业。

知识链接

《交通运输部安委会关于贯彻落实〈安全生产法〉的通知》（交安委〔2015〕2 号）要求，依法开展企业主要负责人和安全管理人员考核。危险品港区储存、公路水运工程建设以及道路运输等重点领域生产经营单位的主要负责人和安全管理人员要依法经主管的负有安全生产监督管理职责的部门考核合格。各级交通运输部门要加快制定或完善相应的人员考核制度，明确考核主体、考核程序及考核内容，并依法开展考核工作。

2) 法定职责

《安全生产法》第二十二条规定，生产经营单位的安全生产管理人员应履行下列职责：

(1) 组织或参与拟订本单位安全生产规章制度、操作规程和生产安全事故应急救援预案；

(2) 组织或参与本单位安全生产教育和培训，如实记录安全生产教育和培训情况；

(3) 督促落实本单位重大危险源的安全管理措施；

(4) 组织或参与本单位应急救援演练；

(5) 检查本单位的安全生产状况，及时排查生产安全事故隐患，提出改进安全生产管理的建议；

(6) 制止和纠正违章指挥、强令冒险作业、违反操作规程的行为；

(7)督促落实本单位安全生产整改措施。

> **特别提醒**:该条款内容是《安全生产法》修订时增加的内容,从法律上明确界定生产经营单位、安全生产管理机构以及安全生产管理人员的职责,提高其工作地位和权威性,增强其责任心,促使其更好地履行职责;同时使生产经营单位其他有关部门、管理层以及主要负责人意识到安全生产管理机构和安全生产管理人员的职责所在,支持、配合他们的工作。

5. 生产经营单位从业人员的权利和义务是什么?

《安全生产法》赋予生产经营单位从业人员的权利和义务如下:

(1)知情权和建议权。第五十条规定,生产经营单位的从业人员有权了解其作业场所和工作岗位存在的危险因素、防范措施及事故应急措施,有权对本单位的安全生产工作提出建议。

(2)拒绝违章权和监督权。第五十一条规定,从业人员有权对本单位安全生产工作中存在的问题提出批评、检举、控告;有权拒绝违章指挥和强令冒险作业。生产经营单位不得因从业人员对本单位安全生产工作提出批评、检举、控告或拒绝违章指挥、强令冒险作业而降低其工资、福利等待遇或解除与其订立的劳动合同。

第五十六条规定,从业人员发现事故隐患或其他不安全因素,应当立即向现场安全生产管理人员或本单位负责人报告;接到报告的人员应当及时予以处理。

(3)紧急情况处置权。第五十二条规定,从业人员发现直接危及人身安全的紧急情况时,有权停止作业或在采取可能的应急措施后撤离作业场所。生产经营单位不得因从业人员在前款紧急情况下停止作业或采取紧急撤离措施而降低其工资、福利等待遇或解除与其订立的劳动合同。

(4)社会保险和民事赔偿权。第五十三条规定,因生产安全事故受到损害的从业人员,除依法享有工伤保险外,依照有关民事法律尚有获得赔偿的权利的,有权向本单位提出赔偿要求。

(5)安全健康保障权。第四十九条规定,生产经营单位与从业人员订立的劳动合同,应当载明有关保障从业人员劳动安全、防止职业危害的事项,以及依法为从业人员办理工伤保险的事项。生产经营单位不得以任何形式与从业人员订立协议,免除或减轻其对从业人员因生产安全事故伤亡依法应承担的责任。

(6)接受安全生产教育和培训权。第五十四条规定,从业人员在作业过程中,应当严格遵守本单位的安全生产规章制度和操作规程,服从管理,正确佩戴和使用劳动防护用品。

第五十五条规定,从业人员应当接受安全生产教育和培训,掌握本职工作所需的安全生产知识,提高安全生产技能,增强事故预防和应急处理能力。

(7)其他。第五十七条规定,工会有权对建设项目的安全设施与主体工程同时设计、同

时施工、同时投入生产和使用进行监督,提出意见。工会对生产经营单位违反安全生产法律、法规,侵犯从业人员合法权益的行为,有权要求纠正;发现生产经营单位违章指挥、强令冒险作业或发现事故隐患时,有权提出解决的建议,生产经营单位应当及时研究答复;发现危及从业人员生命安全的情况时,有权向生产经营单位建议组织从业人员撤离危险场所,生产经营单位必须立即作出处理。工会有权依法参加事故调查,向有关部门提出处理意见,并要求追究有关人员的责任。

第五十八条规定,生产经营单位使用被派遣劳动者的,被派遣劳动者享有本法规定的从业人员的权利,并应当履行本法规定的从业人员的义务。

6. 生产经营单位特种作业人员的资格要求有哪些?

《安全生产法》第二十七条规定,生产经营单位的特种作业人员必须按照国家有关规定经专门的安全作业培训,取得相应资格,方可上岗作业。特种作业人员的范围由国务院负安全生产监督管理部门会同国务院有关部门确定。

知识链接

《特种作业人员安全技术培训考核管理规定》(国家安全生产监督管理总局令第30号,自2010年7月1日起施行)第三条规定,本规定所称特种作业,是指容易发生事故,对操作者本人、他人的安全健康及设备、设施的安全可能造成重大危害的作业。特种作业的范围由特种作业目录规定。本规定所称特种作业人员,是指直接从事特种作业的从业人员。

第五条规定,特种作业人员必须经专门的安全技术培训并考核合格,取得《中华人民共和国特种作业操作证》后,方可上岗作业。

第十条规定,对特种作业人员的安全技术培训,具备安全培训条件的生产经营单位应当以自主培训为主,也可以委托具备安全培训条件的机构进行培训。

不具备安全培训条件的生产经营单位,应当委托具备安全培训条件的机构进行培训。

生产经营单位委托其他机构进行特种作业人员安全技术培训的,保证安全技术培训的责任仍由本单位负责。

"特种作业目录"包括:电工作业,焊接与热切割作业,高处作业,制冷与空调作业,煤矿安全作业,金属非金属矿山安全作业,石油天然气安全作业,冶金(有色)生产安全作业,危险化学品安全作业,烟花爆竹安全作业,原国家安全生产监督管理总局认定的其他作业。

7. 生产经营单位建立健全安全生产责任制、安全生产管理制度、生产安全事故隐患排查治理制度、生产安全事故应急预案有哪些具体要求?

1) 安全生产责任制

《安全生产法》第四、十八、十九条规定,生产经营单位必须:

(1)建立健全安全生产责任制;主要负责人对本单位安全生产工作负有"建立健全本单

位安全生产责任制"的职责。

(2)安全生产责任制应当明确各岗位的责任人员、责任范围和考核标准等内容;应当建立相应的机制,加强对安全生产责任制落实情况的监督考核,保证安全生产责任制的落实。

知识链接

(1)《危险货物道路运输企业安全生产责任制编写要求》(JT/T 913—2014)规定了危险货物道路运输企业安全生产责任制的编制要求、编制内容及格式和要求等。

(2)2017 年 10 月 10 日,国务院安委会办公室下发《关于全面加强企业全员安全生产责任制工作的通知》(安委办〔2017〕29 号),明确了企业全员安全生产责任制的内涵,强调要充分认识企业全员安全生产责任制的重要意义、依法依规制定完善企业全员安全生产责任制。

《危险货物道路运输企业安全生产责任制编写指南及范本》

本书从法律标准要求出发,结合 2016 年新修订的《道路危险货物运输管理规定》(交通运输部令 2016 年第 36 号)等最新政策法规,根据我国危险货物道路运输企业安全管理的现状,进一步细化安全生产责任制内涵和本企业内部机构的相互关系,明确了安全生产责任制编制的基本流程。同时,考虑到企业的实际情况,给出不同规模企业的安全生产责任制的范本。企业在编制安全生产责任制时,可参考该范本,但必须紧密结合本企业自身生产实际进行编写,切勿照搬照抄。

本书是指导危险货物道路运输企业学习、执行《安全生产法》、落实企业主体责任,保障企业安全生产、指导实际工作的重要工具书。

2) 安全生产管理制度

《安全生产法》第四、十八、二十二、二十五、四十一、五十四、一百零四条规定,生产经营单位必须:

(1)建立健全安全生产责任制和安全生产规章制度。

(2)主要负责人对本单位安全生产工作负有"组织制定本单位安全生产规章制度"的职责。

(3)安全生产管理机构以及安全生产管理人员要履行"组织或者参与拟订本单位安全生产规章制度"的职责。

(4)应当对从业人员进行安全生产教育和培训,保证从业人员具备必要的安全生产知识,熟悉有关的安全生产规章制度和安全操作规程,掌握本岗位的安全操作技能,了解事故应急处理措施,知悉自身在安全生产方面的权利和义务;未经安全生产教育和培训合格的从业人员,不得上岗作业。

(5)应当教育和督促从业人员严格执行本单位的安全生产规章制度和安全操作规程;并

向从业人员如实告知作业场所和工作岗位存在的危险因素、防范措施以及事故应急措施。

（6）从业人员在作业过程中，应当严格遵守本单位的安全生产规章制度和操作规程，服从管理，正确佩戴和使用劳动防护用品。

（7）从业人员不服从管理，违反安全生产规章制度或操作规程的，由生产经营单位给予批评教育，依照有关规章制度给予处分；构成犯罪的，依照刑法有关规定追究刑事责任。

■知识链接 ►

《危险货物道路运输企业安全生产管理制度编写要求》（JT/T 912—2014）规定了危险货物道路运输企业安全生产管理制度的编制要求、编制内容、编制步骤、格式及要求。

5.1　安全生产管理制度

危险货物道路运输企业安全生产管理制度，至少应包括下列内容：

a）安全生产监督检查制度；

b）安全生产教育培训制度；

c）从业人员安全管理制度；

d）专用车辆安全管理制度；

e）安全设施设备（停车场）管理制度；

f）应急救援预案管理制度；

g）安全生产会议制度；

h）安全生产考核与奖惩制度；

i）安全事故报告、统计与处理制度。

《危险货物道路运输企业安全生产管理制度编写指南及范本》

本书从法律标准要求出发，结合2016年新修订的《道路危险货物运输管理规定》（交通运输部令2016年第36号）等最新政策法规，根据我国危险货物道路运输企业安全管理的现状，进一步细化安全生产管理制度内涵和本企业内部机构的相互关系，明确了安全生产管理制度编制的基本流程。同时，考虑到企业实际情况，给出不同规模企业的安全生产管理制度的范本。企业在编写安全管理制度时，可参考该范本，但必须紧密结合本企业自身生产实际进行编写，切勿照搬照抄。

本书是指导危险货物道路运输企业学习、执行《安全生产法》、落实企业主体责任，保障企业安全生产、指导实际工作的重要工具书。

3）生产安全事故隐患排查治理制度

《安全生产法》第十八、二十二、三十八、四十三、五十六、五十七、六十七、九十四、九十八、九十九条规定，生产经营单位必须：

（1）主要负责人负有督促、检查本单位的安全生产工作，及时消除生产安全事故隐患的责任。

（2）安全生产管理人员应该履行检查本单位的安全生产状况，及时排查生产安全事故隐患，提出改进安全生产管理建议的责任。

（3）应当建立健全生产安全事故隐患排查治理制度，采取技术、管理措施，及时发现并消除事故隐患。事故隐患排查治理情况应当如实记录，并向从业人员通报。

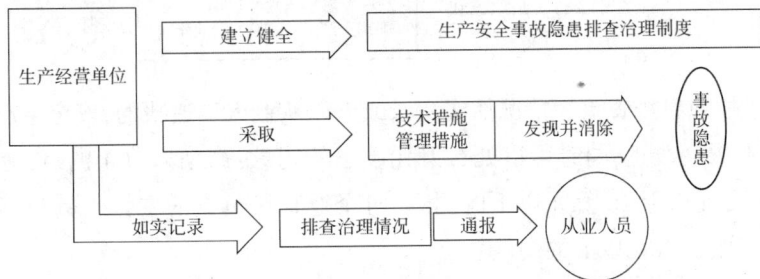

（4）安全生产管理人员在检查中发现重大事故隐患，应该及时报告企业有关负责人，如遇有关负责人不及时处理的情况，安全生产管理人员可以向主管的负有安全生产监督管理职责的部门报告。

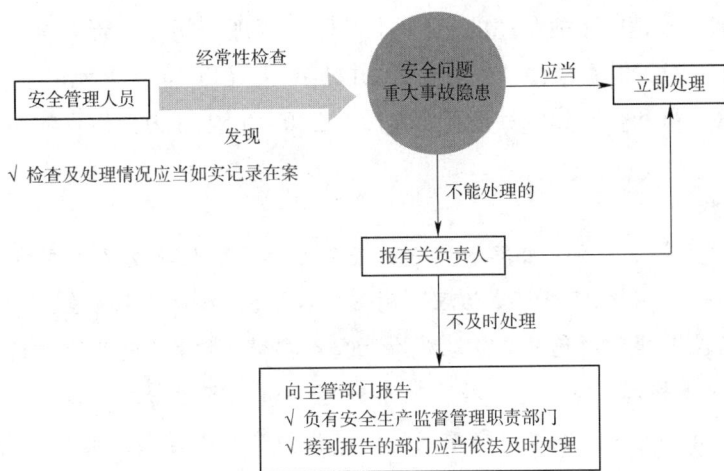

（5）工人发现事故隐患应当立即向现场安全生产管理人员或本单位负责人报告。

（6）工会发现事故隐患时，有权提出解决的建议，企业应当及时研究答复；发现危及从业人员生命安全的情况时，有权向企业建议组织从业人员撤离危险场所，企业必须立即作出处理。

（7）被负有安全监督管理职责的政府部门要求停产停业、停止施工、停止使用相关设施或设备后，存在重大事故隐患的企业应当及时消除事故隐患；如不及时消除事故隐患，且有发生生产安全事故的现实危险，负有安全生产监督管理职责的政府部门可以通知有关单位停止向企业供电、停止供应民用爆炸物品。

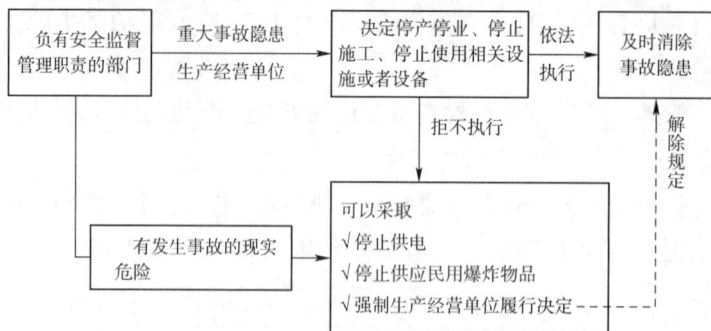

（8）未将事故隐患排查治理情况如实记录或未向从业人员通报的，安全生产监督管理部门应当责令企业限期改正，同时可以处5万元以下的罚款；逾期未改正的，责令企业停产停业整顿，并处5万元以上10万元以下的罚款，对企业直接负责的主管人员和其他直接责任人员处1万元以上2万元以下的罚款。

（9）未建立事故隐患排查治理制度的，安全生产监督管理部门应当责令企业限期改正，同时可以处10万元以下的罚款；逾期未改正的，责令企业停产停业整顿，并处10万元以上20万元以下的罚款，对企业直接负责的主管人员和其他直接责任人员处2万元以上5万元以下的罚款；构成犯罪的，依照刑法有关规定追究刑事责任。

（10）未采取措施消除事故隐患的，安全生产监督管理部门应当责令企业立即消除或限期消除；企业拒不执行的，责令停产停业整顿，并处10万元以上50万元以下的罚款，对企业直接负责的主管人员和企业其他直接责任人员处2万元以上5万元以下的罚款。

知识链接

（1）《交通运输部关于推进公路水路行业安全生产领域改革发展的实施意见》（交安监发〔2017〕39号）规定，加强隐患排查治理。制定出台《公路水路行业安全生产隐患治理暂行办法》，明确安全生产事故隐患分类分级标准和整改措施，监督检查交通运输企业隐患排查治理工作，建立并严格落实重大隐患挂牌督办制度，对重大隐患督办整改不力的实行约谈告诫、公开曝光；情节严重的依法依规严肃问责。强化隐患排查治理监督执法，建立与企业隐患排查治理系统联网的信息平台，继续深入开展隐患排查治理攻坚行动。

（2）《公路水路行业安全生产隐患治理暂行办法》第一条规定，为加强和规范公路水路行业安全生产隐患治理工作，督促从事交通运输生产经营活动的企事业单位（以下简称生产经营单位）落实安全生产主体责任，防范和遏制公路水路行业安全生产事故发生，保障人民群众生命财产安全，依据《安全生产法》和交通运输有关法规制度，制定本办法。

第三条规定，本办法所称安全生产隐患，是生产经营单位违反安全生产法律、法规、规章、标准、规程和安全生产管理制度等规定，或因其他因素在生产经营活动中存在的可能导致安全生产事故发生的人的不安全行为、物的不安全状态、场所的不安全因素和管理上的缺陷。

4) 生产安全事故应急预案

《安全生产法》第十八、二十二、七十八、九十四条规定,生产经营单位必须:

(1) 主要负责人对本单位安全生产工作负有"组织制定并实施本单位的生产安全事故应急救援预案"的职责。

(2) 安全生产管理机构以及安全生产管理人员履行"组织或参与拟订本单位生产安全事故应急救援预案和组织或参与本单位应急救援演练"的职责。

(3) 制定本单位生产安全事故应急救援预案,与所在地县级以上地方人民政府组织制定的生产安全事故应急救援预案相衔接,并定期组织演练。

(4) 未按照规定制定生产安全事故应急救援预案或未定期组织演练的,责令限期改正,可以处 5 万元以下的罚款;逾期未改正的,责令停产停业整顿,并处 5 万元以上 10 万元以下的罚款,对其直接负责的主管人员和其他直接责任人员处 1 万元以上 2 万元以下的罚款。

知识链接

(1)《危险化学品安全管理条例》(国务院令第 591 号) 第七十条规定,危险化学品单位应当制定本单位危险化学品事故应急预案,配备应急救援人员和必要的应急救援器材、设备,并定期组织应急救援演练。危险化学品单位应当将其危险化学品事故应急预案报所在地设区的市级人民政府安全生产监督管理部门备案。

(2)《危险货物道路运输企业运输事故应急预案编制要求》(JT/T 911—2014) 规定了危险货物道路运输企业运输事故应急预案的编制步骤、预案内容以及文本格式与要求。

《危险货物道路运输企业运输事故应急预案编制指南及范本》

该书从法律标准要求出发,结合 2016 年新修订的《道路危险货物运输管理规定》(交通运输部令 2016 年第 36 号) 等最新政策法规,根据我国危险货物道路运输企业安全管理的现状,进一步细化运输事故应急预案内容,明确运输事故应急预案编制的基本流程。同时,考虑到企业的实际情况,给出了不同规模企业的运输事故应急预案的范本。企业在编制应急预案时,可参考该范本,但必须紧密结合本企业生产实际进行编写,切勿照搬照抄。

本书是指导危险货物道路运输企业学习、执行《安全生产法》,落实企业主体责任,保障企业安全生产、指导实际工作和风险管控的重要工具书。

8. 生产经营单位建立健全安全生产责任保险制度有哪些具体要求?

《安全生产法》第四十八条第二款提出,国家鼓励生产经营单位投保安全生产责任保险。2016 年 12 月 18 日,《中共中央 国务院关于推进安全生产领域改革发展的意见》提出,取消安全生产风险抵押金制度,建立健全安全生产责任保险制度,在矿山、危险化学品、烟花爆竹、交通运输、建筑施工、民用爆炸物品、金属冶炼、渔业生产等高危行业领域强制实施,切实发挥保险机构参与风险评估管控和事故预防功能。

安全生产责任保险制度在国外是一项成熟的保险制度,具有风险转嫁能力强、事故预防能力突出、注重应急救援和第三者伤害补偿等特点,对维护生命财产安全作用明显,能够充分运用保险价格杠杆的手段,调动社会相关方积极性,共同为企业加强安全生产工作提供安全保障服务,有效化解安全风险。

知识链接

国家安全生产监督管理总局 保监会 财政部关于印发《安全生产责任保险实施办法》的通知

（安监总办〔2017〕140 号）

各省、自治区、直辖市及计划单列市安全生产监督管理局、煤矿安全监督管理机构、煤炭行业管理部门、保监局、财政厅(局),新疆生产建设兵团安全生产监督管理局、财务局,各省级煤矿安全监察局,各财产保险公司,有关中央企业:

根据《中共中央 国务院关于推进安全生产领域改革发展的意见》关于建立健全安全生产责任保险制度的要求,为进一步规范安全生产责任保险工作,切实发挥保险机构参与风险评估管控和事故预防功能,国家安全生产监督管理总局、保监会、财政部制定了《安全生产责任保险实施办法》,现印发给你们,请结合实际认真抓好贯彻落实。

国家安全生产监督管理总局、保监会、财政部

2017 年 12 月 12 日

注:《安全生产责任保险实施办法》共有总则、承保与投保、事故预防与理赔、激励与保障、监督与管理、附则 6 章,36 条,自 2018 年 1 月 1 日起施行。

9. 生产经营单位如何保证本单位安全生产投入的有效实施?

《安全生产法》第十八条规定,生产经营单位的主要负责人对本单位安全生产工作负有"保证本单位安全生产投入的有效实施"的职责。其中"有效实施",是指主要负责人不仅要保证安全生产投入足额、到位,还要加强对已投入资金的使用情况的监督检查,确保资金管好用好,切实达到保障安全生产的目的。

安全生产投入是为改善安全生产条件而进行的人、机、物、环等各项要素投入。安全生产投入是有政策支持和标准设定的,是生产经营单位的法定义务和法律责任,是落实"预防为主"的政策支撑,也是落实安全生产主体责任的基本要求。要确保安全生产投入的有效实施,必须将其纳入生产经营单位财务管理的优先保证事项,而且企业只有严格落实的责任,没有讨价还价的余地。可以多投,但不可以违反法律规定少投或"欠账",更不能不投或"打白条"。

知识链接

《企业安全生产费用提取和使用管理办法》

(财企〔2012〕16号)

为了建立企业安全生产投入长效机制,加强安全生产费用管理,保障企业安全生产资金投入,维护企业、职工以及社会公共利益,根据《安全生产法》等有关法律法规和国务院有关决定,财政部、原国家安全生产监督管理总局联合制定了《企业安全生产费用提取和使用管理办法》(以下简称《办法》)。《办法》分总则、安全费用的提取标准、安全费用的使用、监督管理、附则5章40条,自公布之日起施行。

《办法》适用于在中华人民共和国境内直接从事煤炭生产、非煤矿山开采、建设工程施工、危险品生产与储存、交通运输、烟花爆竹生产、冶金、机械制造、武器装备研制生产与试验(含民用航空及核燃料)的企业以及其他经济组织(以下简称企业)。

《办法》所称安全生产费用(以下简称安全费用),是指企业按照规定标准提取在成本中列支,专门用于完善和改进企业或项目安全生产条件的资金。

《办法》要求安全生产费用按照"企业提取、政府监管、确保需要、规范使用"的原则进行管理。

《办法》规定:

(1)交通运输企业以上年度实际营业收入为计提依据,按照以下标准平均逐月提取:①普通货运业务按照1%提取;②客运业务、管道运输、危险品等特殊货运业务按照1.5%提取。

(2)交通运输企业安全费用应当按照以下范围使用:

①完善、改造和维护安全防护设施设备支出(不含"三同时"要求初期投入的安全设施),包括道路、水路、铁路、管道运输设施设备和装卸工具安全状况检测及维护系统、运输设施设备和装卸工具附属安全设备等支出;

②购置、安装和使用具有行驶记录功能的车辆卫星定位装置、船舶通信导航定位和自动识别系统、电子海图等支出;

③配备、维护、保养应急救援器材、设备支出和应急演练支出;

④开展重大危险源和事故隐患评估、监控和整改支出;

⑤安全生产检查、评价(不包括新建、改建、扩建项目安全评价)、咨询和标准化建设支出;

⑥配备和更新现场作业人员安全防护用品支出;

⑦安全生产宣传、教育、培训支出;

⑧安全生产适用的新技术、新标准、新工艺、新装备的推广应用支出;

⑨安全设施及特种设备检测检验支出;

⑩其他与安全生产直接相关的支出。

10. 对生产经营单位进行安全生产教育和培训有哪些具体要求？

1）责任主体

《安全生产法》第十八、二十二条规定，生产经营单位的主要负责人对本单位安全生产工作负有"组织制定并实施本单位安全生产教育和培训计划"的职责；安全生产管理机构以及安全生产管理人员应履行"组织或参与本单位安全生产教育和培训，如实记录安全生产教育和培训情况"的职责。

2）总体要求

《安全生产法》第二十五条第一款规定，生产经营单位应当对从业人员进行安全生产教育和培训，保证从业人员具备必要的安全生产知识，熟悉有关的安全生产规章制度和安全操作规程，掌握本岗位的安全操作技能，了解事故应急处理措施，知悉自身在安全生产方面的权利和义务。未经安全生产教育和培训合格的从业人员，不得上岗作业。

该条款对生产经营单位进行安全生产教育和培训提出了三方面的总体要求：

（1）对从业人员进行安全生产教育和培训，是生产经营单位必须承担的法定义务。

（2）安全生产教育和培训所要达到的基本目标，是通过教育和培训保证从业人员具备与本单位生产经营活动有关的安全生产知识，熟悉有关安全生产规章制度、安全操作规程，掌握本岗位的安全操作技能，了解事故应急处理措施，知悉自身在安全生产方面的权利和义务。

（3）禁止未经安全生产教育和培训的从业人员上岗作业。

3）对被派遣劳动者和实习学生的安全生产教育和培训

《安全生产法》第二十五条第二款规定，生产经营单位使用被派遣劳动者的，应当将被派遣劳动者纳入本单位从业人员统一管理，对被派遣劳动者进行岗位安全操作规程和安全操作技能的教育和培训。劳务派遣单位应当对被派遣劳动者进行必要的安全生产教育和培训。第三款规定，生产经营单位接收中等职业学校、高等学校学生实习的，应当对实习学生进行相应的安全生产教育和培训，提供必要的劳动防护用品。学校应当协助生产经营单位对实习学生进行安全生产教育和培训。

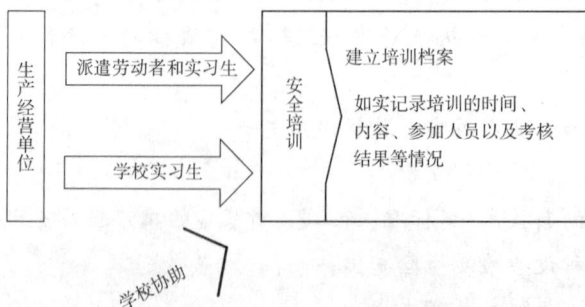

被派遣劳动者和实习学生虽然与正式从业人员参与劳动的方式不同，但其安全生产风

险均来自工作和劳动的过程中,这就要求生产经营单位切实负起责任,对被派遣劳动者和实习学生进行必要的安全生产教育和培训,如讲授常识性安全生产知识,开展安全生产法律法规、安全作业意识、遵章守纪方面的教育和培训等;同时提供必要的劳动防护用品。

4)对从业人员的专门的安全生产教育和培训

《安全生产法》第二十六条规定,生产经营单位采用新工艺、新技术、新材料或使用新设备,必须了解、掌握其安全技术特性,采取有效的安全防护措施,并对从业人员进行专门的安全生产教育和培训。

安全生产中使用的新工艺、新技术、新材料或新设备,一方面,能够促进生产经营效率提高和产品升级换代,给经济发展带来巨大的生机与活力;另一方面,如从业人员未能充分掌握其安全技术性或未采取有效的安全防护措施,则可能成为导致事故的重大隐患。因此,生产经营单位必须针对新工艺、新技术、新材料或新设备的安全技术特性,对从业人员进行专门的安全生产教育和培训,保证从业人员了解、掌握其安全技术特性、防护措施等,并能够在工作中加以运用。

5)建立档案

《安全生产法》第二十五条第四款规定,生产经营单位应当建立安全生产教育和培训档案,如实记录安全生产教育和培训的时间、内容、参加人员以及考核结果等情况。

建立安全生产教育和培训档案,如实记录安全生产教育和培训的时间、内容、参加人员以及考核结果等情况,不仅有利于提高培训的计划性和针对性,保障培训效果,而且便于负有安全生产监督管理职责的部门通过查阅档案记录,加强监督检查,适时掌握生产经营单位安全生产教育和培训的实际情况,有针对性地提出改进意见和建议,保证生产经营单位的安全生产教育和培训取得应有的成效。

6)安排经费

《安全生产法》第四十四条规定,生产经营单位应当安排用于配备劳动防护用品、进行安全生产培训的经费。

用于配备劳动防护用品和进行安全生产培训的经费,是保障安全生产条件所需资金投入的重要组成部分,生产经营单位有义务予以保障。

7)基本内容和形式

(1)基本内容。《安全生产法》第五十五条规定,从业人员应当接受安全生产教育和培训,掌握本职工作所需的安全生产知识,提高安全生产技能,增强事故预防和应急处理能力。

安全生产教育和培训是提高从业人员安全素质和自我保护能力的重要手段,基本内容包括安全意识、安全知识和安全技能教育。①安全意识教育包括思想认识和劳动纪律两方面内容。②安全知识教育包括生产经营单位的基本生产概况、生产过程、作业方法或工艺流程,生产经营单位内特别危险的设备和区域,专业安全技术操作规程,安全防护基本知识和注意事项,有关特种设备的基本安全知识,有关预防生产经营单位常发生事故的基本知识,个人防护用品的构造、性能和正确使用的有关常识等。③安全技能教育包括设备的性能、作用和一般的结构原理；事故的预防和处理及设备的使用、维护和修理。

（2）形式。从业人员接受安全教育培训的形式多种多样，如组织专门的安全教育培训班；班前班后交代安全注意事项，讲评安全生产情况；施工和检修前进行安全措施交底；各级负责人和安全员在作业现场工作时进行安全宣传教育、督促安全法规和制度的贯彻执行；组织安全技术知识讲座、竞赛；召开事故分析会、现场会，分析造成事故原因、责任、教训，制定事故防范措施；组织安全技术交流，安全生产展览，张贴宣传画、标语，设置警示标志，以及利用广播、电影、电视、录像等方式进行安全教育；通过由安全技术部门召开的安全例会、专题会、表彰会、座谈会或采用安全信息、简报、通报等形式，总结、评比安全生产工作，达到安全教育的目的。从业人员要积极参加上述形式的安全教育培训。

8）未按规定培训的处罚

《安全生产法》第九十四条规定，生产经营单位未按照规定对从业人员、被派遣劳动者、实习学生进行安全生产教育和培训，或未按照规定如实告知有关的安全生产事项的；未如实记录安全生产教育和培训情况的；责令限期改正，可以处5万元以下的罚款；逾期未改正的，责令停产停业整顿，并处5万元以上10万元以下的罚款，对其直接负责的主管人员和其他直接责任人员处1万元以上2万元以下的罚款。

11. 负有安全生产监督管理职责的部门有哪些？

《安全生产法》第九条规定，国务院安全生产监督管理部门对全国安全生产工作实施综合监督管理；县级以上地方各级人民政府安全生产监督管理部门对本行政区域内安全生产工作实施综合监督管理。国务院有关部门和县级以上地方各级人民政府有关部门依照本法和其他有关法律、行政法规的规定，在各自的职责范围内对有关行业、领域的安全生产工作实施监督管理。安全生产监督管理部门和对有关行业、领域的安全生产工作实施监督管理的部门，统称负有安全生产监督管理职责的部门。

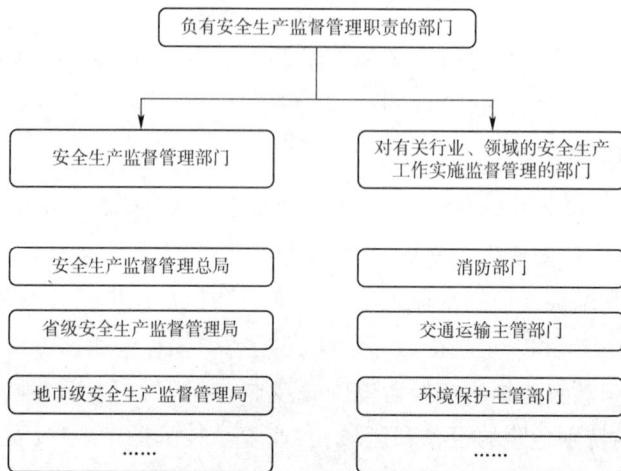

近年来,我国各级安全生产监督管理部门已经建立健全,在中央,国务院安全生产监督管理部门是指原国家安全生产监督管理总局;在地方,县级以上地方人民政府安全生产监督管理部门绝大多数为安全生产监督管理局。

安全生产涉及领域的广泛性和专业性,要求充分发挥有关部门的优势作用。根据我国现行有关安全生产的法律、行政法规的规定以及机构设置和部门职责分工,负有安全生产监督管理职责的有关部门主要有:

(1)煤矿安全监察机构,负责对煤矿安全生产的监督管理。

(2)公安部门,负责对民用爆炸物品公共安全及购买、运输、爆破作业安全,烟花爆竹公共安全,危险化学品公共安全以及消防安全、道路交通安全等的监督管理。

(3)工业和信息化行政部门,负责对民用爆炸物品生产、销售的安全监督管理。

(4)建筑行政部门,负责对建筑工程安全的监督管理。

(5)交通运输各部门,分别负责对铁路、公路、水路、民航安全的监督管理。

(6)环境保护主管部门,负责对核与辐射安全的监督管理。

(7)质量技术监督部门,负责对特种设备安全实施监督管理等。

此外,按照目前的体制,安全生产监督管理部门既负责安全生产综合监督管理,也具体负责非煤矿山、烟花爆竹的安全监督管理以及危险化学品安全监督管理综合工作,在特定场合下也属于负责有关行业、领域安全生产监督管理的"有关部门"。

安全生产工作监督管理体制的特点是"两个结合",即综合管理与专门管理相结合、统一管理与分级管理相结合。综合管理与专门管理、统一管理与分级管理的关系是分工负责,各司其职,既不能互相取代,又不能各行其是。无论是国务院部门还是地方人民政府的部门,无论是安全生产综合监督管理部门还是有关行业、领域的安全生产监督管理部门,都应当站在国家和人民利益的高度,本着对党和人民高度负责的精神,在工作中既各负其责、各司其职,更要相互配合、相互协作,共同完成好法律赋予的神圣使命。

12. 政府有关部门对事故隐患治理的职责有哪些?

《安全生产法》第三十八、五十九、六十二、六十七、七十一、七十二、七十三、八十七、一百一十三条规定,政府有关部门对事故隐患治理的职责有:

(1)各级人民政府负有安全生产监督管理职责的部门应当建立健全重大事故隐患治理督办制度,督促生产经营单位消除重大事故隐患。

(2)安全生产监督管理部门应当按照分类分级监督管理的要求,制定安全生产年度监督检查计划,并按照年度监督检查计划进行监督检查,发现事故隐患,应当及时处理。

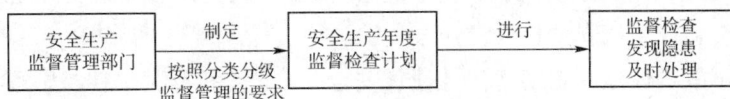

```
┌──────────┐   制定    ┌──────────┐   进行    ┌──────────┐
│ 安全生产  │ ───────→ │ 安全生产年度│ ───────→ │ 监督检查  │
│ 监督管理部门│ 按照分类分级│ 监督检查计划│         │ 发现隐患  │
│          │ 监督管理的要求│          │         │ 及时处理  │
└──────────┘          └──────────┘          └──────────┘
```

(3)安全生产监督管理部门和负有安全监督管理职责的政府部门,检查企业发现事故隐患后,应当责令企业立即排除;在重大事故隐患排除前或排除过程中无法保证安全的,应当责令企业从危险区域内撤出作业人员,责令企业暂时停产停业或停止使用相关设施、设备。

(4)负有安全生产监督管理职责的部门依法对存在重大事故隐患的生产经营单位作出停产停业、停止施工、停止使用相关设施或设备的决定,生产经营单位应当依法执行,及时消除事故隐患。

(5)群众发现企业存在事故隐患,应该向负有安全生产监督管理职责的部门报告或举报。

特别提醒:全国统一的安全生产举报热线为12350。

(6)居民委员会、村民委员会发现其所在区域内的企业存在事故隐患,应当向当地人民政府或有关部门报告。

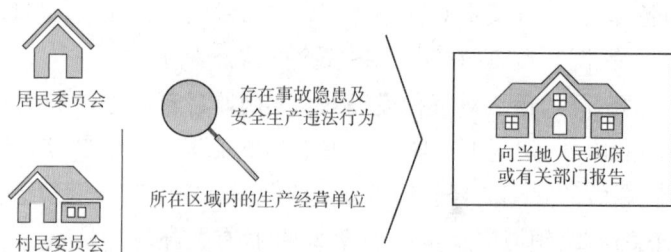

(7)县级以上各级人民政府及其有关部门对报告重大事故隐患或举报安全生产违法行为的有功人员,应给予奖励。具体奖励办法由国务院安全生产监督管理部门会同国务院财政部门制定。

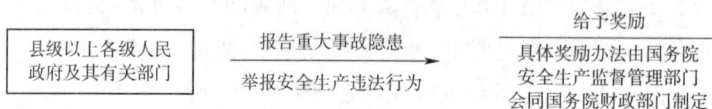

(8)负有安全生产监督管理职责的部门的工作人员在监督检查中发现重大事故隐患不依法及时处理的,给予降级或撤职的处分;构成犯罪的,依照刑法有关规定追究刑事责任。

(9)国务院安全生产监督管理部门和其他负有安全生产监督管理职责的部门应当根据各自的职责分工,制定相关行业、领域重大事故隐患的判定标准。

13. 生产安全事故责任追究制度有哪些具体要求?

1)基本概念

《安全生产法》第十四条规定,国家实行生产安全事故责任追究制度,依照本法和有关法律、法规的规定,追究生产安全事故责任人员的法律责任。

生产安全事故责任追究制度,就是依照《安全生产法》和有关法律、法规的规定,追究生产安全事故责任人员的法律责任的一种制度。对生产安全事故的责任者,由有关主管机关依法追究其行政责任;构成犯罪的,由司法机关依法追究其刑事责任。

2) 具体要求

《安全生产法》第八十四条规定,生产经营单位发生生产安全事故,经调查确定为责任事故的,除了应当查明事故单位的责任并依法予以追究外,还应当查明对安全生产的有关事项负有审查批准和监督职责的行政部门的责任,对有失职、渎职行为的,依照本法第七十七条的规定追究法律责任。

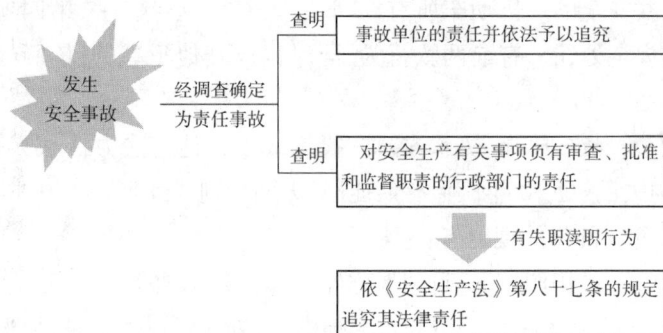

第八十七条规定,负有安全生产监督管理职责的部门的工作人员,有下列行为之一的,给予降级或撤职的处分;构成犯罪的,依照刑法有关规定追究刑事责任:

(1) 对不符合法定安全生产条件的涉及安全生产的事项予以批准或验收通过的。

(2) 发现未依法取得批准、验收的单位擅自从事有关活动或接到举报后不予取缔或不依法予以处理的。

(3) 对已经依法取得批准的单位不履行监督管理职责,发现其不再具备安全生产条件而不撤销原批准或发现安全生产违法行为不予查处的。

(4) 在监督检查中发现重大事故隐患,不依法及时处理的。

有前款规定以外的滥用职权、玩忽职守、徇私舞弊行为的,依法给予处分;构成犯罪的,依照刑法有关规定追究刑事责任。

3)《刑法》有关规定

(1) 涉及企业的规定有:

《刑法》第一百三十四条(重大责任事故罪)规定,在生产、作业中违反有关安全管理的规定,因而发生重大伤亡事故或造成其他严重后果的,处3年以下有期徒刑或拘役;情节特别恶劣的,处3年以上7年以下有期徒刑。

强令他人违章冒险作业,因而发生重大伤亡事故或造成其他严重后果的,处5年以下有期徒刑或拘役;情节特别恶劣的,处5年以上有期徒刑(强令违章冒险作业罪)。

特别提醒:该罪是过失犯罪,主要针对企业管理人员。

第一百三十三条规定,违反交通运输管理法规,因而发生重大事故,致人重伤、死亡或使公私财产遭受重大损失的,处3年以下有期徒刑或拘役;交通运输肇事后逃逸或有其他特别恶劣情节的,处3年以上7年以下有期徒刑;因逃逸致人死亡的,处7年以上有期徒刑。

第一百三十三条之一规定,在道路上驾驶机动车,有下列情形之一的,处拘役,并处罚金:(1)追逐竞驶,情节恶劣的;(2)醉酒驾驶机动车的;(3)从事校车业务或旅客运输,严重超过额定乘员载客,或严重超过规定时速行驶的;(4)违反危险化学品安全管理规定运输危险化学品,危及公共安全的。机动车所有人、管理人对前款第三项、第四项行为负有直接责任的,依照前款的规定处罚。有前两款行为,同时构成其他犯罪的,依照处罚较重的规定定罪处罚。

第一百一十五条规定,放火、决水、爆炸、投毒或以其他危险方法致人重伤、死亡或使公私财产遭受重大损失的,处10年以上有期徒刑、无期徒刑或死刑。

(2)涉及政府管理部门的规定有:

第三百九十七条(滥用职权罪、玩忽职守罪)规定,国家机关工作人员滥用职权或玩忽职守,致使公共财产、国家和人民利益遭受重大损失的,处3年以下有期徒刑或拘役;情节特别严重的,处3年以上7年以下有期徒刑。本法另有规定的,依照规定执行。

国家机关工作人员徇私舞弊,犯前款罪的,处5年以下有期徒刑或拘役;情节特别严重的,处5年以上10年以下有期徒刑。本法另有规定的,依照规定。

> **特别提醒**:该罪是过失犯罪,主要针对行政管理人员。

14. 什么是"属地监管"?

"属地监管"是指,县级以上地方各级人民政府有关部门依照有关法律、法规的规定,在各自的职责范围内对有关行业、领域的安全生产工作实施监督管理。即企业由所在地主管部门监督管理。如县级运输管理机构,应对本行政区域内的道路运输企业(包括危险货物道路运输企业)进行行业管理。

(1)《安全生产法》第九条第二款规定,县级以上地方各级人民政府有关部门依照本法和其他有关法律、法规的规定,在各自的职责范围内对有关行业、领域的安全生产工作实施监督管理。

第五十九条第一款规定,县级以上地方各级人民政府应当根据本行政区域内的安全生产状况,组织有关部门按照职责分工,对本行政区域内容易发生重大生产安全事故的生产经营单位进行严格检查。

(2)《道路危险货物运输管理规定》第七条规定,交通运输部主管全国危险货物道路运输管理工作。县级以上地方人民政府交通运输主管部门负责组织领导本行政区域的危险货物道路运输管理工作。县级以上道路运输管理机构负责具体实施危险货物道路运输管理工作。

知识链接

《江苏省苏州昆山市中荣金属制品有限公司"8·2"特别重大爆炸事故调查报告》(摘录)指出,……2.苏州市、昆山市和昆山开发区安全生产红线意识不强、对安全生产工作重视不够,是事故发生的重要原因。(1)昆山开发区不重视安全生产,属地监督管理责任不落实,对中荣公司无视员工安全与健康、违反国家安全生产法律法规的行为打击治理严重不力,没有落实安全生产责任制,没有专门的安全监督管理机构,对安全监督管理职责不清、人员不足、执法不落实等问题未予以重视和解决,落实国务院安委办部署的铝镁制品机加工企业安全生产专项治理工作不认真、不彻底;未能吸取辖区内曾发生的多起金属粉尘燃爆事故教训,未能举一反三组织全面排查、消除隐患……

15.《企业安全生产责任体系五落实五到位规定》的主要内容是什么?

2015年3月16日,为深入贯彻落实习近平总书记关于安全生产工作的重要论述精神和全国安全生产电视电话会议部署,全面贯彻落实《安全生产法》,进一步健全安全生产责任体系,强化企业安全生产主体责任落实,原国家安全生产监督管理总局制定了《企业安全生产责任体系五落实五到位规定》。其中企业是指具有公司治理结构的企业,其他企业可参照执行。其主要内容如下:

(1)必须落实"党政同责"要求,董事长、党组织书记、总经理对本企业安全生产工作共同承担领导责任。

(2)必须落实安全生产"一岗双责",所有领导班子成员对分管范围内安全生产工作承担相应职责。

(3)必须落实安全生产组织领导机构,成立安全生产委员会,由董事长或总经理担任主任。

(4)必须落实安全管理力量,依法设置安全生产管理机构,配齐配强注册安全工程师等专业安全管理人员。

(5)必须落实安全生产报告制度,定期向董事会、业绩考核部门报告安全生产情况,并向社会公示。

(6)必须做到安全责任到位、安全生产投入到位、安全培训到位、安全管理到位、应急救援到位。

16.什么是重大危险源?如何管理?

1)重大危险源的界定

《安全生产法》第一百一十二条第二款规定,重大危险源是指长期地或临时地生产、搬运、使用或储存危险物品,且危险物品的数量等于或超过临界量的单元(包括场所和设施)。

(1)危险物品。《安全生产法》第一百一十二条第一款将"危险物品"定义为易燃易爆物品、危险化学品、放射性物品等能够危及人身安全和财产安全的物品。具体包括易燃易爆、危险化学品、放射性物品等。危险物品的范畴大，故也应该包括危险货物。

■ **知识链接** ⟩⟩⟩

国务院有关部门根据各自职责，在研究具体问题（具体工作）时，有的是针对危险化学品，有的是针对危险货物。如原国家安全生产监督管理总局针对危险化学品，制定了《危险化学品重大危险源监督管理暂行规定》（国家安全生产监督管理总局令第40号）。

（2）临界量。指一个数值，当某种危险物品的数量达到或超过这个数值时，就有可能发生危险。简单地讲，临界量就是有关国家标准中规定的数量（数值）。

根据定义，重大危险源是危险物品大量聚集的地方，具有较大的危险性，而且一旦发生生产安全事故，将会对从业人员及相关人员的人身安全和财产造成比较大的损害。

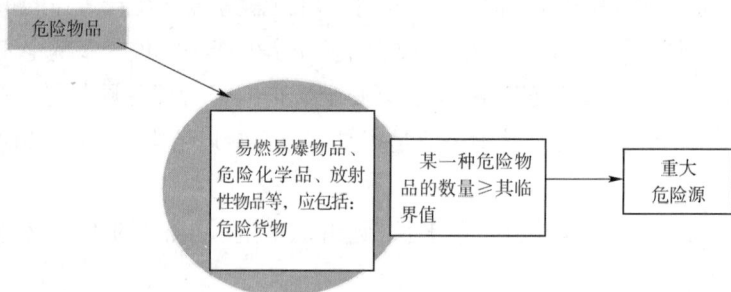

2）重大危险源的管理

《安全生产法》第二十二条规定，生产经营单位的安全生产管理机构以及安全生产管理人员要履行"促落实本单位重大危险源的安全管理措施"的职责。

第三十七条规定，生产经营单位对重大危险源应当登记建档，进行定期检测、评估、监控，并制定应急预案，告知从业人员和相关人员在紧急情况下应当采取的应急措施。生产经营单位应当按照国家有关规定将本单位重大危险源及有关安全措施、应急措施报有关地方人民政府安全生产监督管理部门和有关部门备案。

第九十八条规定，生产经营单位对重大危险源未登记建档，或未进行评估、监控，或未制定应急预案的，责令限期改正，可以处10万元以下的罚款；逾期未改正的，责令停产停业整顿，并处10万元以上20万元以下的罚款，对其直接负责的主管人员和其他直接责任人员处2万元以上5万元以下的罚款；构成犯罪的，依照刑法有关规定追究刑事责任。

生产经营单位对重大危险源的安全管理措施主要有：

（1）登记建档。

（2）进行定期检测、评估、监控。

（3）制定应急预案。

（4）告知从业人员和相关人员在紧急情况下应当采取的应急措施。

(5)将重大危险源及有关安全措施、应急措施报地方人民政府安全生产监督管理部门和有关部门备案。

17. 对危险货物道路运输使用的危险物品容器有哪些具体要求?

《安全生产法》第三十四条规定,生产经营单位使用的危险物品的容器、运输工具,以及涉及人身安全、危险性较大的海洋石油开采特种设备和矿山井下特种设备,必须按照国家有关规定,由专业生产单位生产,并经具有专业资质的检测、检验机构检测、检验合格,取得安全使用证或安全标志,方可投入使用。检测、检验机构对检测、检验结果负责。

《危险化学品安全管理条例》规定,生产列入国家实行生产许可证制度的工业产品目录的危险化学品包装物、容器的生产经营单位,应当依照《中华人民共和国工业产品生产许可证管理条例》的规定,取得工业产品生产许可证;其生产的危险化学品包装物、容器经国务院质量监督检验检疫部门认定的检验机构检验合格,方可出厂销售。运输危险化学品的车辆(罐车等)及其配载的容器,应当按照国家标准的要求进行生产,并经有关检验机构检验合格,方可投入使用。

《安全生产法》与《危险化学品安全管理条例》对危险货物道路运输使用的危险物品容器的要求规定是一致的。生产经营单位在选购特种设备和危险物品的容器、运输工具时,必须审查生产单位是否具有生产资格,对非专业生产单位生产的此类产品,不得购买。同时,必须委托取得专业资质的检测、检验机构进行检测、检验。

第3单元　危险货物道路运输基础知识

本单元主要介绍危险货物、危险化学品和其他需要特殊运输的物质的道路运输基础知识。

一、危险货物

1. 危险货物如何界定？

《危险货物分类和品名编号》（GB 6944—2012）将危险货物（也称危险物品或危险品）定义为：具有爆炸、易燃、毒害、感染、腐蚀、放射性等危险特性，在运输、储存、生产、经营、使用和处置中，容易造成人身伤亡、财产损毁或环境污染而需要特别防护的物质和物品。

《道路危险货物运输管理规定》（交通运输部令2016年第36号，以下简称《危规》）引用了《危险货物分类和品名编号》（GB 6944—2012）对危险货物的定义，并规定危险货物以列入《危险货物品名表》（GB 12268—2012）的为准，未列入《危险货物品名表》的，以有关法律、行政法规的规定或国务院有关部门公布的结果为准。

> **■ 知识链接 ◄·—**
>
> 《危险货物分类和品名编号》（GB 6944—2012）中所述危险货物也称危险物品，与《安全生产法》中关于"危险物品"的定义（危险物品是指易燃易爆物品、危险化学品、放射性物品等能够危及人身安全和财产安全的物品）存在差异。

> **■ 知识链接 ◄·—**
>
> **放射性物质及其他特殊物质的运输管理**
>
> （1）放射性物质的运输管理。
>
> 《危规》规定，法律、行政法规对民用爆炸物品、烟花爆竹、放射性物品等特定种类危险货物的道路运输另有规定的，从其规定。即危险货物第7类放射性物质的道路运输无须遵守《危规》，而应遵守《放射性物品运输安全管理条例》（国务院令第562号）和《放射性物品道路运输管理规定》（交通运输部令2010年第6号）。第7类放射性物质与其他类别危险货物的相关管理规定关系如下图所示。
>
> （2）国家法规有特殊要求的物质的运输管理。
>
> 国家法规有特殊要求的，应纳入危险货物运输管理。《中华人民共和国固体废物污染环境防治法》第六十条规定，运输危险废物，必须采取防止污染环境的措施，并遵守国家有关危

险货物运输管理的规定。《医疗废物管理条例》第二十六条规定,医疗废物集中处置单位运送医疗废物,应当遵守国家有关危险货物运输管理的规定,使用有明显医疗废物标识的专用车辆。医疗废物专用车辆应当达到防渗漏、防遗撒以及其他环境保护和卫生要求。

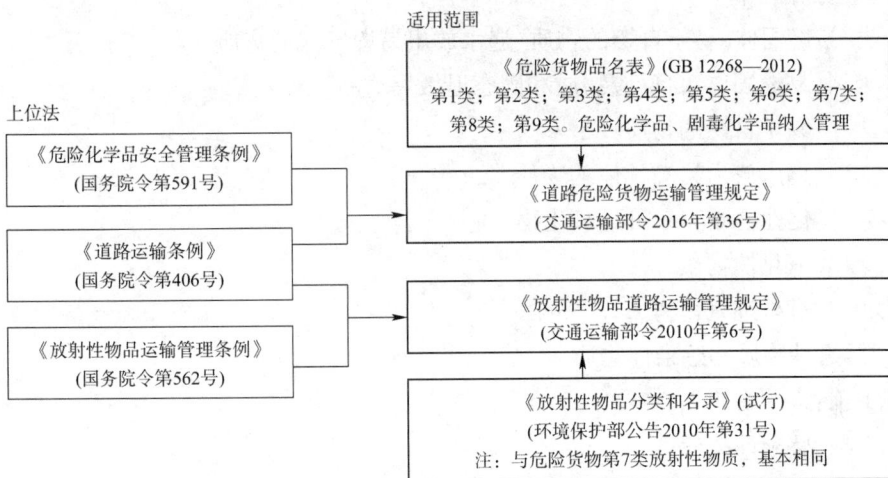

适用范围

上位法	
《危险化学品安全管理条例》(国务院令第591号)	《危险货物品名表》(GB 12268—2012)第1类;第2类;第3类;第4类;第5类;第6类;第7类;第8类;第9类。危险化学品、剧毒化学品纳入管理
《道路运输条例》(国务院令第406号)	《道路危险货物运输管理规定》(交通运输部令2016年第36号)
《放射性物品运输管理条例》(国务院令第562号)	《放射性物品道路运输管理规定》(交通运输部令2010年第6号)
	《放射性物品分类和名录》(试行)(环境保护部公告2010年第31号)注:与危险货物第7类放射性物质,基本相同

(3)其他特殊物质的运输管理。

未列入《危险货物品名表》(GB 12268—2012)且未被有关法规规定或未被国务院有关部门公布的危险货物(可称为新的危险货物),应按照《汽车运输危险货物规则》(JT 617—2004)第六条第三款"托运未列入 GB 12268 的危险货物时,应提交与托运的危险货物完全一致的安全技术说明书、安全标签和危险货物鉴定表"的规定开展道路运输。危险货物的鉴定单位是由原国家安全生产监督管理总局指定的。

2. 危险货物如何分类?

《危险货物分类和品名编号》(GB 6944—2012)按危险货物具有的危险性或最主要的危险性分为 9 个类别,第1类、第2类、第4类、第5类和第6类再分为项别。类别和项别分列如下:

第1类:爆炸品

1.1 项:有整体爆炸危险的物质和物品

1.2 项:有迸射危险,但无整体爆炸危险的物质和物品

1.3 项:有燃烧危险并有局部爆炸危险或局部迸射危险或这两种危险都有,但无整体爆炸危险的物质和物品

1.4 项:不呈现重大危险的物质和物品

1.5 项:有整体爆炸危险的非常不敏感物质

1.6 项:无整体爆炸危险的极端不敏感物品

第2类:气体

2.1 项：易燃气体

2.2 项：非易燃无毒气体

2.3 项：毒性气体

第 3 类：易燃液体

第 4 类：易燃固体、易于自燃的物质、遇水放出易燃气体的物质

4.1 项：易燃固体、自反应物质和固态退敏爆炸品

4.2 项：易于自燃的物质

4.3 项：遇水放出易燃气体的物质

第 5 类：氧化性物质和有机过氧化物

5.1 项：氧化性物质

5.2 项：有机过氧化物

第 6 类：毒性物质和感染性物质

6.1 项：毒性物质

6.2 项：感染性物质

第 7 类：放射性物质

第 8 类：腐蚀性物质

第 9 类：杂项危险物质和物品，包括危害环境物质

知识链接

危险货物的危险程度

《危险货物品名表》(GB 12268—2012)将危险货物危险程度分为高度、中等、轻度，并用危险货物的包装"Ⅰ类包装、Ⅱ类包装及Ⅲ类包装"表述。具体在危险货物品名表的第 6 栏"包装类别"中进行了表述。

3. 危险货物如何编号？

《危险货物分类和品名编号》(GB 6944—2012)规定，危险货物的品名编号采用联合国编号(也称 UN 编号)。联合国编号是指由联合国危险货物运输专家委员会编制的四位阿拉伯数编号，用以识别一种物质或物品或一类特定物质或物品。每一种危险货物对应一个 UN 编号，但对性质基本相同，运输、储存条件和灭火、急救、处置方法相同的危险货物，也可使用同一个 UN 编号。

4. 危险货物品名表的结构是什么？

《危规》规定，危险货物以列入《危险货物品名表》(GB 12268—2012)的为准。《危险货物品名表》(GB 12268—2012)中给出的危险货物品名表，由联合国编号、名称和说明、英文名、类别或项别、次要危险性、包装类别、特殊规定共 7 项组成。

危险货物品名表的格式

联合国编号	名称和说明	英 文 名	类别或项别	次要危险性	包装类别	特殊规定
0004	苦味酸铵,干的,或湿的,按质量含水低于10%	AMMONIUMPICRATE dry or wetted with less than 10% water, by mass	1.1D			
0005	武器弹药筒,带有爆炸装药	CARTRIDGES FOR WEAP ONS with bursting charge	1.1F			
0006	武器弹药筒,带有爆炸装药	CARTRIDGES FOR WEAP ONS with bursting charge	1.1E			
0007	武器弹药筒,带有爆炸装药	CARTRIDGES FOR WEAP ONS with bursting charge	1.2F			
0009	燃烧弹药,带有或不带有起爆装置、发射剂或推进剂	AMMUNITION, INCENDIARY with or without burster, expelling charge or propelling charge	1.2G			
0010	燃烧弹药,带有或不带有起爆装置、发射剂或推进剂	AMMUNITION, INCENDIARY with or without burster, expelling charge or propelling charge	1.3G			

5. 危险货物的"特殊规定"有哪些?

由于危险货物在不同的数量、物理状态、包装、运输条件等情况下危险性有所不同,需要用"特殊规定"进行具体表述。"特殊规定"规定了与物品或物质有关的任何特殊规定,其适用于特定物质或物品的所有包装类别,可在危险货物品名表第7栏查询。"特殊规定"具体可分为限制运输和豁免。

限制运输即不可以运输或有特殊运输要求。如"特殊规定"48号规定,如含氰氧酸高于20%,除非经有关主管机关特别批准,否则禁止运输。另外,对于大多数危险性物质,自身的不稳定性可以通过适合的包装、稀释、添加稳定剂、添加抑制剂、控制温度或采取其他特殊措施来控制,以达到运输要求。如未加抑制剂的正丁基乙烯(基)醚、未经稀释或含量大于27%的过氧化(二)丙酰都是禁运物品。

豁免即不作为危险货物运输。如"特殊规定"37号规定,硅铝粉,如有涂料,即不作为危险货物运输。

▇ 知识链接 ◄⊶⌐

在实际工作中,根据危险货物品名表第7栏查找"特殊规定"中的豁免条件,比较烦琐且不便于执法。因此,针对大批量需要运输的危险货物豁免,可按《危规》的豁免程序操作。

与道路运输有关的"特殊规定"有:

145 除空运外,Ⅲ类包装的乙醇饮料如采用不超过250L的容器装运,则不作为危险货物运输。

146 除空运和海运外,Ⅱ类包装的乙醇饮料如采用不超过5L的容器装运,则不作为危险货物运输。

242 硫黄如做成某种形状(如小球、颗粒、丸状、锭状或薄片)，则不作为危险货物运输。

281 用油浸湿、弄潮或沾染的干草、禾秆或碎稻草和稻壳禁止海运。其他方式的运输也应禁止，除非有关主管机关特别批准。

未用油浸湿、弄潮或沾染的干草、禾秆或碎稻草和稻壳，仅在海运时作为危险货物运输。

6. 危险货物例外数量指什么？

危险货物例外数量，通俗地可以理解为"危险货物在一定数量下，可作为普通货物运输"。适用于以例外数量运输的危险货物以列入《危险货物例外数量及包装要求》(GB 28644.1—2012)中危险货物例外数量表的为准。

《危险货物例外数量及包装要求》(GB 28644.1—2012)规定了危险货物例外数量表的结构、危险货物的例外数量以及危险货物以例外数量运输时的一般规定、包装、包件测试、标记、单证、豁免等内容，适用于以例外数量包装运输的危险货物。

本标准与联合国《关于危险货物运输的建议书 规章范本》(第16修订版)第3部分"危险货物一览表、特殊规定和例外"中3.2危险货物一览表(第1栏~第5栏和第7栏b)和3.5例外数量包装的危险货物的技术内容一致。例外数量编码的含义见下表。

例外数量编码 E1 ~ E5 的含义

编号	每件内容器的最大净装载量 （固体为 g，液体和气体为 mL）	每件外容器的最大净装载量（固体为 g，液体和气体为 mL，在混装情况下为 g 和 mL 之总和）
E1	30	1000
E2	30	500
E3	30	300
E4	1	500
E5	1	300

在上表中，"每件内容器和外容器的最大净装载量"中最大值分别为30g(mL)和1000g(mL)，最小值分别为1g(mL)和300g(mL)。由此可知，例外数量是指小包装限量豁免。考虑到该标准对其使用包装物(包括内容器和外容器)的要求很高，以例外数量包装运输的危险货物，主要应用于航空货物运输，也可以用道路运输的零担货运。

例外数量运输，考虑了一个运输工具(载货汽车)在一次装载运送中危险货物的最大允许载运量。《危险货物例外数量及包装要求》(GB 28644.1—2012)中4.4规定，任何货运车辆、铁路货车或多式联运集装箱所能装载的以例外数量运输的危险货物包件，最大数量不应超过1000个。如按"每件外容器的最大净装载量"的最大值1000g计算，1车最多可以载重1000kg(1t)；如按"每件外容器的最大净装载量"的最小值300g计算，1车最多可以载重300kg(0.3t)。说明例外数量危险货物的量较少。

7. 危险货物例外数量的道路运输要求有哪些？

《危险货物例外数量及包装要求》(GB 28644.1—2012)中有关标记、单证、豁免的内容如下。

(1)标记。以例外数量运输的危险货物包件，应做永久、清楚的标记。标记的尺寸应至少为 100mm × 100mm。

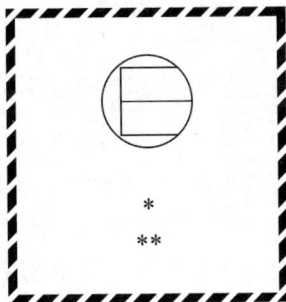

注1：影线和符号使用同一颜色，红或黑，白底或适当反差底色。

注2：* 此处显示类别，或如果已经划定，显示项别。

注3：** 如果包件没有在其他位置显示发货人或收货人的姓名，则在此处显示。

例外数量标记

(2)单证。以例外数量运输的危险货物单证(如提单或空运货单)，应注明"例外数量的危险货物"，并注明包件的数量。

(3)豁免。以例外数量运输的危险货物除以下 a)、b)两方面外，满足本标准规定，可免除危险货物运输的任何其他要求：

a)从事危险货物运输人员的培训要求，见《关于危险货物运输的建议书 规章范本》1.3；

b)危险货物分类、分类程序和包装组标准，见《关于危险货物运输的建议书 规章范本》第2部分。

注：对于放射性物质，见《关于危险货物运输的建议书 规章范本》1.5.1.5 对放射性物质使用例外包件运输的要求。

8. 危险货物有限数量指什么？

危险货物有限数量，通俗地可以理解为"危险货物在有限(很少)数量下，可作为普通货物运输"。适用于以有限数量运输的危险货物以列入《危险货物有限数量及包装要求》(GB 28644.2—2012)中危险货物有限数量表的为准。

《危险货物有限数量及包装要求》(GB 28644.2—2012)规定了危险货物有限数量表的结构、危险货物的有限数量以及危险货物以有限数量运输时的包装、单证、标记、豁免等内容，适用于以有限数量包装运输的危险货物。

本标准与联合国《关于危险货物运输的建议书 规章范本》(第16修订版)第3部分"危

险货物一览表、特殊规定和例外"中3.2危险货物一览表（第1栏～第5栏和第7栏a）和3.4有限数量包装的危险货物的技术内容一致。

《危险货物有限数量及包装要求》（GB 28644.2—2012）中给出的危险货物有限数量表由联合国编号、中文名称和说明、英文名称和说明、类别或项别、次要危险性、包装类别、有限数量共7项组成。其中第7栏"有限数量"对按照本标准准许运输的有限数量危险货物，规定了每个内容器或物品所装的最大数量。

知识链接

有限数量和例外数量的关系

有限数量危险货物的包装、容器要求比例外数量危险货物要更高、更明确，且有限数量危险货物运输的最大值为5kg（5L），最小值为500g（100mL），其最小值远远大于例外数量危险货物"每件内容器的最大净装载量"中的最小值1g。因此，有限数量危险货物主要用于道路运输，也可以说是危险货物道路运输限量豁免。如小包装5L以下的白酒（乙醇饮料，按体积含乙醇高于24%，但不超过70%，UN 3065），可以豁免按普通货物运输。

综上所述，例外数量和有限数量，规定了需要限量运输的危险货物及其每件内容器或外容器可运输的最大数量，且有限数量大于例外数量可运输的数量。

9. 危险货物有限数量的道路运输要求有哪些？

《危险货物有限数量及包装要求》（GB 28644.2—2012）中有关单证、标记、豁免的内容如下。

（1）单证。在航空运输和水路运输的情况下，危险货物以有限数量运输时，在危险货物运输单证的危险货物说明中应写入"有限数量"或"LTDQTY"一词。

注：LTDQTY（Limited Quantity）为"有限数量"的英文缩写。

除航空运输和水路运输外，危险货物以有限数量运输时，无须适用《关于危险货物运输的建议书 规章范本》5.4.1中对危险货物运输单证的要求。

（2）标记。在航空运输情况下，内装有有限数量危险货物的包件应显示下图的标记。

有限数量包件标记（航空运输）

标记必须明显，清晰，并能承受露天暴露而不明显减低效果。标记的上下部分和边线应为黑色，中心区域为白色或适当反差底色；标记最小尺寸：100mm×100mm；菱形边的最小宽度：2mm；符号"Y"置于标记中央，须清晰可见；如包件的大小需要，可缩小尺寸，但不得小于

50mm×50mm,且标记仍必须清晰可见。

　　除航空运输外,内装有有限数量危险货物的包件不需要以内装物的正式名称或联合国编号作为标签或标记,但应显示下图的标记。

有限数量包件标记(航空运输除外)

　　标记必须明显,清晰,并能承受露天暴露而不明显减低效果。标记的上下部分和边线应为黑色,中心区域为白色或适当反差底色;标记最小尺寸:100mm×100mm;菱形边的最小宽度:2mm;如包件的大小需要,可缩小尺寸,但不得小于50mm×50mm,且标记仍必须清晰可见。

　　(3)豁免。

　　a)印有限数量包件标记(航空运输)的装有危险货物的包件,视为已符合规定,无须再印有限数量包件标记(航空运输除外)。

　　b)以有限数量包装的危险货物,在同一车或一个集装箱内,无须适用任何隔离要求。

　　c)以有限数量包装的危险货物,无须适用《关于危险货物运输的建议书　规章范本》1.4中安全规定和7.2.4中对公路运输、铁路运输的安全规定。

　　针对道路运输而言,有限数量包装的危险货物可按普通货物运输。

10. 限量瓶装二氧化碳、氮气等气体道路运输的豁免条件是什么?

　　由于瓶装二氧化碳(UN 1013)需满足危险货物及其包装物气瓶(特种设备)要求,故瓶装二氧化碳道路运输属于危险货物运输。为促进限量瓶装二氧化碳气体安全、便利运输,更好地满足社会需要、降低运输物流成本,交通运输部发文将其危险货物道路运输豁免为普通货物运输。

　　2017年7月3日,交通运输部印发了《关于进一步规范限量瓶装氮气等气体道路运输管理有关事项的通知》(交运发〔2017〕96号)。该通知明确了瓶装氮、氩、氖、氙、氦、氪等低危气体道路运输的豁免条件。

　　上述气体豁免运输的具体要求(条件)见附录一。

11. 爆炸品的道路运输要求有哪些?

　　危险货物品名表第4栏"类别或项别"为"1.1~1.6(A~S)"的危险货物即为爆炸品。

　　《危规》规定,爆炸品的道路运输要求如下:

　　(1)运输剧毒化学品、爆炸品、易制爆危险化学品的,应当配备罐式、厢式专用车辆或压力容器等专用容器。

（2）运输爆炸品、强腐蚀性危险货物的罐式专用车辆的罐体容积不得超过 $20m^3$，运输剧毒化学品的罐式专用车辆的罐体容积不得超过 $10m^3$，但符合国家有关标准的罐式集装箱除外。

（3）运输剧毒化学品、爆炸品、强腐蚀性危险货物的非罐式专用车辆，核定载质量不得超过 $10t$，但符合国家有关标准的集装箱运输专用车辆除外。

（4）运输剧毒化学品、爆炸品专用车辆以及罐式专用车辆，数量为 20 辆（含）以下的，停车场地面积不低于车辆正投影面积的 1.5 倍，数量为 20 辆以上的，超过部分，每辆车的停车场地面积不低于车辆正投影面积；

（5）从事剧毒化学品、爆炸品道路运输的驾驶人员、装卸管理人员、押运人员，应当经考试合格，取得注明为"剧毒化学品运输"或"爆炸品运输"类别的从业资格证。

（6）运输剧毒化学品、爆炸品的，自有专用车辆（挂车除外）10 辆以上。

有关车辆技术条件要求，执行《道路运输爆炸品和剧毒化学品车辆安全技术条件》（GB 20300—2006）。

12. 强腐蚀性危险货物的道路运输要求有哪些？

腐蚀是指金属和非金属在周围介质（水、空气、酸、碱、盐、溶剂等）作用下产生损耗与破坏的过程。强腐蚀性是一个定性的概念，其在不同的行业中的表述存在差异。如有的部门将硝酸、硫酸、盐酸、发烟硫酸和氢氧化钠、氢氧化钾确定为强腐蚀化学品，并提出根据《危险化学品安全管理条例》受公安部门管制；又如原国家安全生产监督管理总局、公安部、国家工商行政管理总局联合下发的《关于加强强腐蚀性危险化学品购用管理的通知》（安监管危化〔2004〕164 号），将硫酸、烧碱和强酸、强碱确定为强腐蚀化学品。一般地，强腐蚀性可以通过化学、化工常识，或化学品安全标签上的"短语"要求，或《道路运输液体危险货物罐式车辆第 1 部分：金属常压罐体技术要求》（GB 18564.1—2006）"附录 A.1 常见液体危险货物介质及主要设计参数"中的"危险程度分类"标准，或国家有关文件进行辨识和确认。

《危规》规定，强腐蚀性危险货物的道路运输要求如下：

（1）运输爆炸品、强腐蚀性危险货物的罐式专用车辆的罐体容积不得超过 $20m^3$，运输剧毒化学品的罐式专用车辆的罐体容积不得超过 $10m^3$，但符合国家有关标准的罐式集装箱除外。

（2）运输剧毒化学品、爆炸品、强腐蚀性危险货物的非罐式专用车辆，核定载质量不得超过 $10t$，但符合国家有关标准的集装箱运输专用车辆除外。

13. 易燃易爆危险货物的道路运输要求有哪些？

根据危险货物的分类、分项，易燃易爆危险货物应包括：

(1)第 1 类爆炸品；

(2)2.1 项易燃气体、第 3 类易燃液体；

（3）4.1项易燃固体、自反应物质和固态退敏爆炸品;4.2项易于自燃的物质。

根据《化学品安全标签》上的"短语"要求,亦可确定是否为易燃易爆危险货物。

易燃易爆危险货物的道路运输要求如下:

《中华人民共和国道路交通安全法》(以下简称《道路交通安全法》)规定,机动车载运爆炸物品、易燃易爆化学物品以及剧毒、放射性等危险物品,应当经公安机关批准后,按指定的时间、路线、速度行驶,悬挂警示标志并采取必要的安全措施。

《中华人民共和国道路交通安全法实施条例》(国务院令第405号,以下简称《道路交通安全法实施条例》)规定,机动车驾驶人初次申领机动车驾驶证后的12个月为实习期。机动车驾驶人在实习期内不得驾驶载有爆炸物品、易燃易爆化学物品、剧毒或放射性等危险物品的机动车。

《公路安全保护条例》(国务院令第593号)规定,载运易燃、易爆、剧毒、放射性等危险物品的车辆,应当符合国家有关安全管理规定,并避免通过特大型公路桥梁或特长公路隧道;确需通过特大型公路桥梁或特长公路隧道的,负责审批易燃、易爆、剧毒、放射性等危险物品运输许可的机关应当提前将行驶时间、路线通知特大型公路桥梁或特长公路隧道的管理单位,并对在特大型公路桥梁或特长公路隧道行驶的车辆进行现场监督管理。

14. 国际上有关危险货物运输的文件有哪些？

20世纪50年代,联合国危险货物运输专家委员会研究制定了《关于危险货物运输的建议书 规章范本》,在我国也称国际"危规""橘皮书"。该文件对危险货物的分类、定义、包装、标记、标签、检验及各种运输方式运输托运等一系列问题进行了规定和建议,并制定了《危险货物一览表》。该文件促进了世界范围(跨境)、各种运输工具(多式联运)的危险货物安全、规范运输,其《危险货物一览表》也是目前国际上通用的危险货物品名表。

联合国欧洲经济委员会根据《关于危险货物运输的建议书 规章范本》,结合公路运输的特点,制定了《危险货物国际道路运输欧洲公约》,也称"ADR"。该文件共分为9个部分,为公路运输危险货物的生产经营(包括包装、仓储及管理)等部门提供了最具权威性的国际准则和必备技术法规。我国从事危险货物道路运输的有关人员可以在安全管理方面更多、更好地借鉴ADR的管理模式和经验,进一步提高我国危险货物道路运输管理水平。

二、危险化学品

15. 危险化学品如何界定？

《危险化学品安全管理条例》规定,危险化学品是指具有毒害、腐蚀、爆炸、燃烧、助燃等性质,对人体、设施、环境具有危害的剧毒化学品和其他化学品。危险化学品目录,由国务院安全生产监督管理部门会同国务院工业和信息化、公安、环境保护、卫生、质量监督检验检疫、交通运输、铁路、民用航空、农业主管部门,根据化学品危险特性的鉴别和分类标准确定、公布,并适时调整。即危险化学品以列入《危险化学品目录》的为准。

2015 年 2 月 27 日,原国家安全生产监督管理总局等 10 部门下发《公告〔2015〕第 5 号》(以下简称《公告》),发布了《危险化学品目录(2015 版)》,并明确剧毒化学品以《危险化学品目录(2015 版)》备注的为准。

16. 危险化学品如何分类?

《危险化学品安全管理条例》规定,根据化学品危险特性的鉴别和分类标准确定、公布危险化学品。"化学品危险特性的鉴别和分类标准"是指我国与联合国《化学品分类及标记全球协调制度》(GHS)接轨制订的化学品的分类和有关标准。

根据《化学品分类和标签规范》(GB 30000—2013),化学品分为 3 类、28 项,以及 95 个危险项别。在 95 个危险项别中选取了危险性较大的 81 个项别作为危险化学品,其余 14 个项别因危险性较小而不纳入危险化学品目录(其中物理危险性类别 8 个、健康危害类别 4 个,环境危害类别 2 个)。

联合国《化学品分类及标记全球协调制度》(GHS)、我国《化学品分类和标签规范》(GB 30000—2013)、《危险化学品目录(2015 版)》关系如下。

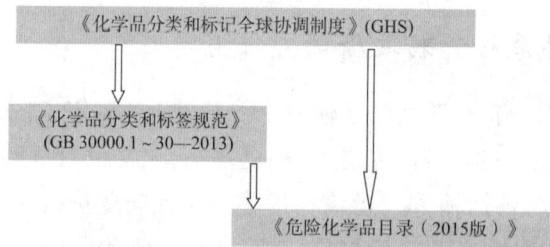

《化学品分类和标记全球协调制度》(GHS)

《化学品分类和标签规范》(GB 30000.1 ~ 30—2013)

《危险化学品目录（2015版）》

17. 危险化学品目录的结构是什么?

《危险化学品目录(2015 版)》中给出的危险化学品目录由序号、品名、别名、CAS 号、备注共 5 项组成。

危险化学品目录的样式

序号	品 名	别 名	CAS 号	备注
1	阿片	鸦片	8008-60-4	
2	氨	液氨;氨气	7664-41-7	
3	5 – 氨基 – 1,3,4 – 三甲基环己甲胺	异佛尔酮二胺;3,3,5 – 三甲基 – 4,6 – 二氨基 – 2 – 烯环己酮;1 – 氨基 – 4 – 氨基甲基 – 3,5,5 – 三甲基环己烷	2855-14-2	
4	5 – 氨基 – 4 – 苯基 – 1 – [双(N,N – 二甲基氨基氧膦基)] – 1,2,4 – 三唑 [含量 >20%]	威菌磷	1031-47-6	剧毒 1

序号	品　名	别　名	CAS 号	备注
5	4 - [4 - 氨基 - 5 - (1 - 甲基胍基)戊酰氨基] - 1 - [4 - 氨基 - 2 - 氧代 - 1(2H) - 嘧啶基] - 1,2,3,4 - 四脱氧 - β,D 赤己 - 2 - 烯吡喃糖醛酸	灰瘟素	2079-00-7	
6	4 - 氨基 - N,N - 二甲基苯胺	N,N - 二甲基对苯二胺;对氨基 - N,N - 二甲基苯胺	99-98-9	
7	2 - 氨基苯酚	邻氨基苯酚	95-55-6	
8	4 - 氨基苯酚	间氨基苯酚	591-27-5	

该目录将危险化学品分为 3 类,28 项,81 个项别;共计 2828 个序号,2998 个品名;其中剧毒化学品条目 148 个。

需要注意的是:

(1)按"品名"汉字的汉语拼音排序。

(2)除列明的条目外,无机盐类同时包括无水和含有结晶水的化合物。

(3)序号是类属条目,除列明的条目外,符合相应条件的,属于危险化学品。

(4)除混合物之外无含量说明的条目,是指该条目的工业产品或纯度高于工业产品的化学品,用作农药用途时,是指其原药。

(5)农药条目结合其物理危险性、健康危害、环境危害及农药管理情况综合确定。

知识链接

国际上,危险化学品、剧毒化学品均有对应的"CAS 号"(美国化学文摘社对化学品的唯一登记号),即物质(物品)如有 CAS 号,肯定是化学品;当其 CAS 还在《危险化学品目录(2015 版)》中,其就是危险化学品。

18. 对危险化学品道路运输有哪些具体要求?

《危险化学品安全管理条例》规定,从事危险化学品道路运输、水路运输的,应当分别依照有关道路运输、水路运输的法律、行政法规的规定,取得危险货物道路运输许可、危险货物水路运输许可,并向工商行政管理部门办理登记手续。

知识链接

《国务院办公厅关于印发危险化学品安全综合治理方案的通知》(国办发〔2016〕88 号)要求:

(1)加强危险化学品运输安全管控。健全安全监督管理责任体系,严格按照我国有关法律、法规和强制性国家标准等规定的危险货物包装、装卸、运输和管理要求,落实各部门、各企业和单位的责任,提高危险化学品(危险货物)运输企业准入门槛,督促危险化学品生产、储存、经营企业建立装货前运输车辆、人员、罐体及单据等查验制度，严把装卸关，加强日常监督管理。

（2）认真落实"一书一签"要求。督促危险化学品生产企业和进出口单位严格执行"一书一签"（安全技术说明书、安全标签）要求，确保将危险特性和处置要求等安全信息及时、准确、全面地传递给下游企业、用户、使用人员以及应急处置人员。危险化学品（危险货物）托运人要采取措施及时将危险化学品（危险货物）相关信息传递给相关部门和人员。

19. 剧毒化学品如何界定？

《危险化学品目录（2015 版）》将剧毒化学品定义为：具有剧烈急性毒性危害的化学品，包括人工合成的化学品及其混合物和天然毒素，还包括具有急性毒性易造成公共安全危害的化学品。

其剧烈急性毒性判定界限为急性毒性类别 1，即满足下列条件之一：大鼠实验，经口 $LD_{50} \leqslant 5mg/kg$，经皮 $LD_{50} \leqslant 50mg/kg$，吸入（4h）$LC_{50}$ $\leqslant 100mL/m^3$（气体）或 0.5mg/L（蒸气）或 0.05mg/L（尘、雾）。经皮 LD_{50} 的实验数据，也可使用兔实验数据。

剧毒化学品标志

在实际工作中，剧毒化学品要以《危险化学品目录（2015 版）》"备注"的为准，共 148 种。

20. 对剧毒化学品道路运输有哪些具体要求？

《道路交通安全法》规定，机动车载运爆炸物品、易燃易爆化学物品以及剧毒、放射性等危险物品，应当经公安机关批准后，按指定的时间、路线、速度行驶，悬挂警示标志并采取必要的安全措施。

《道路交通安全法实施条例》规定，机动车驾驶人初次申领机动车驾驶证后的 12 个月为实习期。机动车驾驶人在实习期内不得驾驶载有爆炸物品、易燃易爆化学物品、剧毒或放射性等危险物品的机动车。

《公路安全保护条例》规定，载运易燃、易爆、剧毒、放射性等危险物品的车辆，应当符合国家有关安全管理规定，并避免通过特大型公路桥梁或特长公路隧道；确需通过特大型公路桥梁或特长公路隧道的，负责审批易燃、易爆、剧毒、放射性等危险物品运输许可的机关应当提前将行驶时间、路线通知特大型公路桥梁或特长公路隧道的管理单位，并对在特大型公路桥梁或特长公路隧道行驶的车辆进行现场监督管理。

《危险化学品安全管理条例》规定：

（1）通过道路运输剧毒化学品的，托运人应当向运输始发地或目的地县级人民政府公安机关申请剧毒化学品道路运输通行证。

（2）运输危险化学品途中因住宿或发生影响正常运输的情况，需要较长时间停车的，驾驶人员、押运人员应当采取相应的安全防范措施；运输剧毒化学品或易制爆危险化学品的，还应当向当地公安机关报告。

(3)剧毒化学品、易制爆危险化学品在道路运输途中丢失、被盗、被抢或出现流散、泄漏等情况的,驾驶人员、押运人员应当立即采取相应的警示措施和安全措施,并向当地公安机关报告。公安机关接到报告后,应当根据实际情况立即向安全生产监督管理部门、环境保护主管部门、卫生主管部门通报。有关部门应当采取必要的应急处置措施。

(4)申请剧毒化学品道路运输通行证,托运人应当向县级人民政府公安机关提交下列材料:

①拟运输的剧毒化学品品种、数量的说明;

②运输始发地、目的地、运输时间和运输路线的说明;

③承运人取得危险货物道路运输许可、运输车辆取得营运证以及驾驶人员、押运人员取得上岗资格的证明文件;

④本条例第三十八条第一款、第二款规定的购买剧毒化学品的相关许可证件,或海关出具的进出口证明文件(凭《剧毒化学品购买许可证》购买的要求)。

(5)有下列情形之一的,由公安机关责令改正,处1万元以上5万元以下的罚款;构成违反治安管理行为的,依法给予治安管理处罚:

①运输剧毒化学品或易制爆危险化学品途中需要较长时间停车,驾驶人员、押运人员不向当地公安机关报告的;

②剧毒化学品、易制爆危险化学品在道路运输途中丢失、被盗、被抢或发生流散、泄漏等情况,驾驶人员、押运人员不采取必要的警示措施和安全措施,或不向当地公安机关报告的。

《危规》规定:

(1)对企业的相关要求:

①运输剧毒化学品的,自有专用车辆(挂车除外)10辆以上。

②运输剧毒化学品的,应当配备罐式、厢式专用车辆或压力容器等专用容器。

③运输剧毒化学品的专用车辆以及罐式专用车辆,数量为20辆(含)以下的,停车场地面积不低于车辆正投影面积的1.5倍,数量为20辆以上的,超过部分每辆车的停车场地面积不低于车辆正投影面积。

④申请从事剧毒化学品道路运输经营的企业或单位,向市级道路运输管理机构提交的《道路危险货物运输申请表》,在填写申请运输的危险货物(物品)范围时应当标注"剧毒"。

⑤运输剧毒化学品的企业和单位,应当配备专用停车区域,并设立明显的警示标牌。

⑥运输剧毒化学品的企业和单位,应当遵守有关部门关于运输剧毒化学品道路运输车辆在重大节假日通行高速公路的相关规定。

⑦申请从事剧毒化学品道路运输经营的企业向市级道路运输管理机构提出申请时,提交的拟投入专用车辆、设备承诺书,还应当包括运输剧毒化学品专用车辆核定载质量等有关情况。

⑧道路运输管理机构向符合许可条件的被许可人出具的《道路危险货物运输行政许可

决定书》，在运输危险货物栏内标注有"剧毒"。

（2）对人员的相关要求：

①从事剧毒化学品道路运输的驾驶人员、装卸管理人员、押运人员，应当经考试合格，取得注明为"剧毒化学品运输"类别的从业资格证；

②运输剧毒化学品在运输途中需要较长时间停车的，驾驶人员或押运人员应当向当地公安机关报告。

（3）对车辆的相关要求：

①运输剧毒化学品的罐式专用车辆的罐体容积不得超过 $10m^3$，但符合国家有关标准的罐式集装箱除外；

②运输剧毒化学品的非罐式专用车辆，核定载质量不得超过 10t，但符合国家有关标准的集装箱运输专用车辆除外；

③运输剧毒化学品专用车辆及罐式专用车辆（含罐式挂车）应当到具备危险货物道路运输车辆维修资质的企业进行维修；

④道路运输管理机构向符合许可条件的专用车辆配发的《道路运输证》经营范围栏内标注有"剧毒"。

（4）剧毒化学品道路运输车辆要符合《道路运输爆炸品和剧毒化学品车辆安全技术条件》（GB 20300—2006）有关规定，并悬挂符合该标准的"安全标示牌"。

21. 易制爆危险化学品如何界定？

《危险化学品安全管理条例》将易制爆危险化学品定义为：可用于制造爆炸物品的危险化学品。

2017 年 5 月 11 日，公安部颁布了《易制爆危险化学品名录》（2017 年版）。易制爆危险化学品以列入《易制爆危险化学品名录》（2017 年版）的为准，且共有酸类、硝酸盐类、氯酸盐类、高氯酸盐类、重铬酸盐类、过氧化物和超氧化物类、易燃物还原剂类、硝基化合物类、其他等，9 类；70 个品名。

22. 对易制爆危险化学品道路运输有哪些具体要求？

易制爆危险化学品属于危险化学品，需根据《危险化学品安全管理条例》等法律法规的要求进行运输。

《危险化学品安全管理条例》规定，剧毒化学品、易制爆危险化学品在道路运输途中丢失、被盗、被抢或出现流散、泄漏等情况的，驾驶人员、押运人员应当立即采取相应的警示措施和安全措施，并向当地公安机关报告。公安机关接到报告后，应当根据实际情况立即向安全生产监督管理部门、环境保护主管部门、卫生主管部门通报。有关部门应当采取必要的应急处置措施。

《危规》规定，运输剧毒化学品、爆炸品、易制爆危险化学品的，应当配备罐式、厢式专用车辆或压力容器等专用容器;运输剧毒化学品或易制爆危险化学品需要较长时间停车的,驾驶人员或押运人员应当向当地公安机关报告。

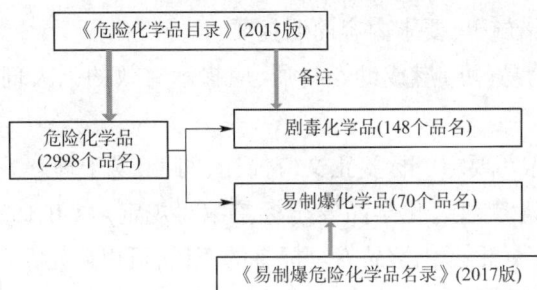

```
         ┌─────────────────────────┐
         │《危险化学品目录》(2015版) │
         └─────────────────────────┘
                    │ 备注
┌──────────────┐    │    ┌─────────────────────────┐
│  危险化学品   │────┼───▶│  剧毒化学品(148个品名)   │
│ (2998个品名) │    │    └─────────────────────────┘
└──────────────┘    │    ┌─────────────────────────┐
                    └───▶│ 易制爆化学品(70个品名)   │
                         └─────────────────────────┘
                                    │
                    ┌──────────────────────────────┐
                    │《易制爆危险化学品名录》(2017版) │
                    └──────────────────────────────┘
```

23. 对化学品安全技术说明书和化学品安全标签有哪些具体要求?

1)化学品安全技术说明书

化学品安全技术说明书(SDS)是化学品生产供应企业向用户提供基本危害信息的工具(包括运输、操作处置、储存和应急行动等信息),也称作物质安全数据单(MSDS,化学品生产、贸易、销售企业按法律要求向下游客户和公众提供的有关化学品特征的一份综合性法律文件)。

化学品安全技术说明书的主要内容包括化学品的理化参数、燃爆性能、对健康的危害、安全使用储存、泄漏处置、急救措施以及有关的法律法规等16项内容。

2)化学品安全标签

《化学品安全标签编写规定》(GB 15258—2009)规定,化学品安全标签是用文字、图形符号和编码的组合形式表示化学品所具有的危险性和安全注意事项,由生产企业在货物出厂前粘贴、挂拴、喷印在包装或容器的明显位置;若改换包装,则由改换单位重新粘贴、挂拴、喷印。

化学品安全标签涉及运输的主要内容包括:

(1)标志。采用联合国《关于危险货物运输的建议书 规章范本》和《常用危险化学品分类及标志》(GB 13690—1992)规定的符号。

(2)警示词。根据化学品的危险程度和类别,用"危险""警告""注意"分别进行危害程度的警示。

警示词与危险性类别的对应关系

警示词	化学品危险性类别
危险	爆炸品,易燃气体,有毒气体,低闪点液体,一级自燃物品,一级遇湿易燃物品,一级氧化剂,有机过氧化物,剧毒品,一级酸性腐蚀品
警告	不燃气体,中闪点液体,一级易燃固体,二级自燃物品,二级遇湿易燃物品,二级氧化剂,有毒品,二级酸性腐蚀品,一级碱性腐蚀品
注意	高闪点液体,二级易燃固体,有害品,二级碱性腐蚀品,其他腐蚀品

（3）危险性概述。简要概述化学品燃烧爆炸危险特性、健康危害和环境危害。

（4）安全措施。表述化学品在处置、搬运、储存和使用作业中所必须注意的事项和发生意外时简单有效的救护措施等,要求内容简明扼要、重点突出。

（5）灭火。化学品为易(可)燃或助燃物质,应提示有效的灭火剂和禁用的灭火剂以及灭火注意事项。

（6）"安全标签"的编写要求。标签正文应简捷、明了、易于理解。相同的含义应用相同的文字和图形表示。短语"参照《化学品安全标签编写规定》(GB 15258—1999)附录 A、附录 B 所提供的进行编写"。根据化学品安全标签的短语,可以确定危险货物是否属于"易燃易爆""强腐蚀""高度"等。

（7）使用方法。标签应粘贴、挂拴、喷印在化学品包装或容器的明显位置。

3) 化学品安全技术说明书和化学品安全标签的作用

化学品安全技术说明书和化学品安全标签可以确定货物的性质,也是制作《道路运输危险货物安全卡》的重要基础资料,其标识的危险化学品的性质、状态、危险性、应急措施等,可向政府、作业人员、消费者、公众传递正确的化学品信息,从而减少危险化学品可能造成事故的可能性。

化学品与危险化学品、剧毒化学品、易制爆化学品、易制毒化学品、高危化学品的关系图如下。

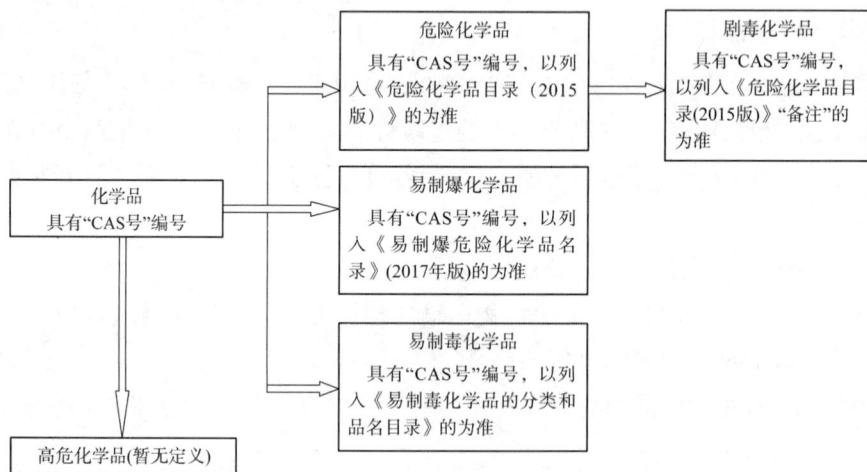

```
                              ┌─────────────────┐          ┌─────────────────┐
                              │   危险化学品      │          │   剧毒化学品      │
                         ┌───▶│ 具有"CAS号"编号,  │─────────▶│ 具有"CAS号"编号,  │
                         │    │ 以列入《危险化学品 │          │ 以列入《危险化学品 │
                         │    │ 目录(2015版)》的  │          │ 目录(2015版)》"备 │
                         │    │ 为准              │          │ 注"的为准         │
                         │    └─────────────────┘          └─────────────────┘
   ┌─────────────┐       │    ┌─────────────────┐
   │   化学品      │       │    │   易制爆化学品    │
   │ 具有"CAS号"  │───────┼───▶│ 具有"CAS号"编号,以│
   │   编号        │       │    │ 列入《易制爆危险化 │
   └─────────────┘       │    │ 学品名录》(2017年 │
         │               │    │ 版)的为准         │
         │               │    └─────────────────┘
         │               │    ┌─────────────────┐
         │               │    │   易制毒化学品    │
         │               └───▶│ 具有"CAS号"编号,以│
         │                    │ 列入《易制毒化学品 │
         │                    │ 的分类和品名目录》 │
         │                    │ 的为准            │
         ▼                    └─────────────────┘
   ┌──────────────────┐
   │ 高危化学品(暂无定义)│
   └──────────────────┘
```

知识链接

《国务院办公厅关于印发危险化学品安全综合治理方案的通知》(国办发〔2016〕88号)要求,加强高危化学品管控,研究制定高危化学品目录,加强硝酸铵、硝化棉、氰化钠等高危化学品生产、储存、使用、经营、运输和废弃处置全过程管控。

三、特殊(凭证)运输

24. 易制毒化学品如何界定?

《易制毒化学品管理条例》(国务院令第 445 号)规定,国家对易制毒化学品的生产、经营、购买、运输和进口、出口实行分类管理和许可制度。

易制毒化学品分为三类,第一类是可以用于制毒的主要原料,第二类、第三类是可以用于制毒的化学配剂。易制毒化学品的分类和品种需要调整的,由国务院公安部门会同国务院食品药品监督管理部门、安全生产监督管理部门、商务主管部门、卫生主管部门和海关总署提出方案,报国务院批准。

易制毒化学品以列入《易制毒化学品的分类和品名目录》的为准。

25. 对易制毒化学品道路运输有哪些具体要求?

《易制毒化学品管理条例》规定:

(1)国家对易制毒化学品的运输实行分类管理和许可制度,禁止走私或非法运输易制毒化学品。

(2)易制毒化学品的生产、经营、购买、运输和进口、出口,除应当遵守本条例的规定外,属于药品和危险化学品的,还应当遵守法律、其他行政法规对药品和危险化学品的有关规定运输。

(3)易制毒化学品的单位,应当建立单位内部易制毒化学品管理制度。

(4)对许可运输第一类易制毒化学品的,发给一次有效的运输许可证。对许可运输第二类易制毒化学品的,发给 3 个月有效的运输许可证;6 个月内运输安全状况良好的,发给 12 个月有效的运输许可证。易制毒化学品运输许可证应当载明拟运输的易制毒化学品的品种、数量、运入地、货主及收货人、承运人情况以及运输许可证种类。

(5)接受货主委托运输的,承运人应当查验货主提供的运输许可证或备案证明,并查验所运货物与运输许可证或备案证明载明的易制毒化学品品种等情况是否相符;不相符的,不得承运。运输易制毒化学品,运输人员应当自启运起全程携带运输许可证或备案证明。公安机关应当在易制毒化学品的运输过程中进行检查。运输易制毒化学品,应当遵守国家有关货物运输的规定。

(6)未经许可或备案擅自生产、经营、购买、运输易制毒化学品,伪造申请材料骗取易制毒化学品生产、经营、购买或运输许可证,使用他人的或伪造、变造、失效的许可证生产、经营、购买、运输易制毒化学品的,由公安机关没收非法生产、经营、购买或运输的易制毒化学品、用于非法生产易制毒化学品的原料以及非法生产、经营、购买或运输易制毒化学品的设备、工具,处非法生产、经营、购买或运输的易制毒化学品货值 10 倍以上 20 倍以下的罚款,货值的 20 倍不足 1 万元的,按 1 万元罚款;有违法所得的,没收违法所得;有营业执照的,由工商行政管理部门吊销营业执照;构成犯罪的,依法追究刑事责任。

(7)运输的易制毒化学品与易制毒化学品运输许可证或备案证明载明的品种、数量、运入地、货主及收货人、承运人等情况不符,运输许可证种类不当,或运输人员未全程携带运输许可证或备案证明的,由公安机关责令停运整改,处 5000 元以上 5 万元以下的罚款;有危险物品运输资质的,运输主管部门可以依法吊销其运输资质。

《易制毒化学品的分类和品种目录》中属于危险化学品的物质,如甲苯(甲基苯 CN 32052)、丙酮(CN 31025)、高锰酸钾(CN 51048)、硫酸(CN 81007)、盐酸(CN 81013)等,还需遵守《危险化学品安全管理条例》和《危规》。

26. 麻醉药品和精神药品如何界定?

《麻醉药品和精神药品管理条例》(国务院令第 443 号)将麻醉药品和精神药品定义为:列入麻醉药品目录、精神药品目录的药品和其他物质。

《麻醉药品和精神药品运输管理办法》将麻醉药品和精神药品定义为:列入国务院药品监督管理部门会同国务院公安部门、国务院卫生主管部门公布的麻醉药品、精神药品目录所列的药品和其他物质。

精神药品分为第一类精神药品和第二类精神药品。上市销售但尚未列入目录的药品和其他物质或第二类精神药品发生滥用,已经造成或可能造成严重社会危害的,国务院药品监督管理部门会同国务院公安部门、国务院卫生主管部门,应当及时将该药品和该物质列入目录或将该第二类精神药品调整为第一类精神药品。

麻醉药品和精神药品分别以列入《麻醉药品品种目录(2007 年版)》和《精神药品品种目录(2007 年版)》的为准。

27. 对麻醉药品和精神药品道路运输有哪些具体要求?

《麻醉药品和精神药品管理条例》规定:

(1)托运、承运和自行运输麻醉药品和精神药品的,应当采取安全保障措施,防止麻醉药品和精神药品在运输过程中被盗、被抢、丢失。

(2)通过公路运输麻醉药品和第一类精神药品的,应当由专人负责押运。道路运输麻醉药品和第一类精神药品必须采用封闭式车辆,有专人押运,中途不应停车过夜。

(3)托运或自行运输麻醉药品和第一类精神药品的单位,应当向所在地省、自治区、直辖市人民政府药品监督管理部门申请领取运输证明。运输证明有效期为 1 年。

(4)托运人办理麻醉药品和第一类精神药品运输手续,应当将运输证明副本交付承运人。承运人应当查验、收存运输证明副本,并检查货物包装。没有运输证明或货物包装不符合规定的,承运人不得承运。承运人在运输过程中应当携带运输证明副本,以备查验。

(5)依法取得麻醉药品药用原植物种植或麻醉药品和精神药品运输资格的单位,倒卖、转让、出租、出借、涂改其麻醉药品和精神药品许可证明文件的,由原审批部门吊销相应许可证明文件,没收违法所得;情节严重的,处违法所得2倍以上5倍以下的罚款;没有违法所得的,处2万元以上5万元以下的罚款;构成犯罪的,依法追究刑事责任。

《麻醉药品和精神药品运输管理办法》规定:

(1)托运或自行运输麻醉药品和第一类精神药品的单位,应当向所在地省、自治区、直辖市药品监督管理部门申领《麻醉药品、第一类精神药品运输证明》。

(2)承运麻醉药品和第一类精神药品时,承运单位要查验、收取运输证明副本。运输证明副本随货同行以备查验。在运输途中承运单位必须妥善保管运输证明副本,不得遗失。货物到达后,承运单位应将运输证明副本递交收货单位。

(3)道路运输麻醉药品和第一类精神药品必须采用封闭式车辆,有专人押运,中途不应停车过夜。

(4)运输第二类精神药品无需办理运输证明。

(5)托运麻醉药品和精神药品的单位应确定托运经办人,选择相对固定的承运单位。

托运经办人在运单货物名称栏内填写"麻醉药品""第一类精神药品"或"第二类精神药品"字样,运单上应当加盖托运单位公章或运输专用章。收货人只能为单位,不得为个人。

(6)承运单位应积极配合托运单位查询货物在途情况。

麻醉药品和精神药品在运输途中出现包装破损时,承运单位要采取相应的保护措施。

发生被盗、被抢、丢失的,承运单位应立即报告当地公安机关,并通知收货单位,收货单位应立即报告当地药品监督管理部门。

28. 危险废物如何界定?

《固体废物污染环境防治法》将危险废物定义为:列入《国家危险废物名录》(2016年版)或根据国家规定的危险废物鉴别标准和鉴别方法认定的具有危险特性的固体废物。

《国家危险废物名录》(2016年版)将危险废物分为46大类,479种(其中117种为新增),并给出了《危险废物豁免管理清单》。《危险废物豁免管理清单》中列出的16种危险废物,在所列的豁免环节及相应的豁免条件下,可以按照豁免内容实行豁免管理。其中7种危险废物的某个特定环节已经在相关标准中被豁免,如生活垃圾焚烧飞灰满足入场标准后可进入生活垃圾填埋场填埋(填埋场不需要危险废物经营许可证);另外9种危险废物的某个特定环节可以在现有研究基础上被豁免,如废弃电路板在运输工具满足防雨、防渗漏、防遗撒要求时可以不按危险废物进行运输。

29. 对危险废物道路运输有哪些具体要求?

《固体废物污染环境防治法》规定:

(1)运输危险废物,必须采取防止污染环境的措施,并遵守国家有关危险货物运输管理的规定。禁止将危险废物与旅客在同一运输工具上载运。

(2)危险废物的容器和包装物以及收集、储存、运输、处置危险废物的设施、场所,必须设置危险废物识别标志。

(3)收集、储存危险废物,必须按照危险废物特性分类进行。禁止混合收集、储存、运输、处置性质不相容而未经安全性处置的危险废物。禁止将危险废物混入非危险废物中储存。

(4)直接从事收集、储存、运输、利用、处置危险废物的人员,应当接受专业培训,经考核合格,方可从事该项工作。

(5)产生、收集、储存、运输、利用、处置危险废物的单位,应当制定在发生意外事故时采取的应急措施和防范措施,并向所在地县级以上地方人民政府环境保护行政主管部门报告;环境保护行政主管部门应当进行检查。

(6)转移危险废物的,必须按照国家有关规定填写危险废物转移联单,并向危险废物移出地设区的市级以上地方人民政府环境保护行政主管部门提出申请。移出地设区的市级以上地方人民政府环境保护行政主管部门应当商经接受地设区的市级以上地方人民政府环境保护行政主管部门同意后,方可批准转移该危险废物。未经批准的,不得转移。

30. 医疗废物如何界定?

《医疗废物管理条例》(国务院令第 380 号)将医疗废物定义为:医疗卫生机构在医疗、预防、保健以及其他相关活动中产生的具有直接或间接感染性、毒性以及其他危害性的废物。

2003 年 10 月 10 日,卫生部和国家环境保护总局印发了《医疗废物分类目录》,医疗废物以列入《医疗废物分类目录》的为准。医疗废物分为损伤性废物、感染性废物、化学系废物、药物性废物、病理性废物。

31. 对医疗废物道路运输有哪些具体要求?

《医疗废物管理条例》规定:

(1)医疗废物集中处置单位运送医疗废物,应当遵守国家有关危险货物运输管理的规定,使用有明显医疗废物标识的专用车辆。医疗废物专用车辆应当达到防渗漏、防遗撒以及其他环境保护和卫生要求。运送医疗废物的专用车辆不得运送其他物品。

(2)医疗卫生机构和医疗废物集中处置单位,应当采取有效的职业卫生防护措施,为从事医疗废物收集、运送、储存、处置等工作的人员和管理人员,配备必要的防护用品,定期进行健康检查;必要时,对有关人员进行免疫接种,防止其受到健康损害。

(3)禁止任何单位和个人转让、买卖医疗废物。禁止在运送过程中丢弃医疗废物。禁止在非储存地点倾倒、堆放医疗废物或将医疗废物混入其他废物和生活垃圾。禁止将医疗废物与旅客在同一运输工具上载运。禁止在饮用水源保护区的水体上运输医疗废物。

(4)转让、买卖医疗废物,邮寄或通过铁路、航空运输医疗废物,或违反本条例规定通过水路运输医疗废物的,由县级以上地方人民政府环境保护行政主管部门责令转让、买卖双方、邮寄人、托运人立即停止违法行为,给予警告,没收违法所得;违法所得5000元以上的,并处违法所得2倍以上5倍以下的罚款;没有违法所得或违法所得不足5000元的,并处5000元以上2万元以下的罚款。

（5）根据条例,托运医疗废物的,应当向承运人提供环境保护主管部门核发的危险废物转移联单。即医疗卫生机构和医疗废物集中处置单位,应当依照《中华人民共和国固体废物污染环境防治法》的规定,执行危险废物转移联单管理制度。

32. 民用爆炸物品如何界定?

《民用爆炸物品安全管理条例》(国务院令第466号)将民用爆炸物品定义为:用于非军事目的、列入民用爆炸物品品名表的各类火药、炸药及其制品和雷管、导火索等点火、起爆器材。

2006年11月9日,国防科学技术工业委员会、公安部发布了《民用爆炸物品品名表》。民用爆炸物品以列入《民用爆炸物品品名表》的为准,且共有5大类、59个品种。

33. 对民用爆炸物品道路运输有哪些具体要求?

《民用爆炸物品安全管理条例》规定,国家对民用爆炸物品的运输实行许可证制度;运输民用爆炸物品,收货单位应当向运达地县级人民政府公安机关提出申请。

因此,民用爆炸物品道路运输申请的主体为民用爆炸物品收货单位,而其许可的主体为运达地县级人民政府公安机关。而且《民用爆炸物品安全管理条例》对民用爆炸物品道路运输的许可、处罚均不涉及交通运输部门(道路运输管理机构)。故交通运输部门(道路运输管理机构)在对危险货物道路运输企业颁发《道路运输经营许可证》时,其经营范围不能写"民用爆炸物品";交通运输部门(道路运输管理机构)也不能对违法、违规的民用爆炸物品道路运输进行处罚,但发现违法、违规行为,应依法移送有关部门处理。

有关道路运输车辆技术条件要求,可参照《道路运输爆炸品和剧毒化学品车辆安全技术条件》(GB 20300—2006)。

知识链接

交通运输部关于民用爆炸品道路运输的安全管理

(1)《民用爆炸物品安全管理条例》规定,安全生产监督、铁路、交通、民用航空主管部门依照法律、行政法规的规定,负责做好民用爆炸物品的有关安全监督管理工作。但由于我国除《民用爆炸物品安全管理条例》外,并没有涉及民用爆炸物品的行政法规。因此,交通运输部门没有可以依照的相关法律、行政法规,以做好民用爆炸物品的有关安全监督管理工作。同时,依据"专项法规优于一般法规"的法理,民用爆炸物品应执行《民用爆炸物品安全管理条例》。

(2)公安部、工业和信息化部、交通运输部、国家工商行政管理总局、国家质量监督检验检疫总局、原国家安全生产监督管理总局曾联合下发《关于进一步加强和改进民用爆炸物品烟花爆竹安全管理工作的通知》（公通字〔2012〕2号）。依据"下位法服从上位法"的法理，国务院有关部委的联合发文如果违背了《民用爆炸物品安全管理条例》（上位法），其文件无效。另外，《关于进一步加强和改进民用爆炸物品烟花爆竹安全管理工作的通知》（公通字〔2012〕2号）仅是强调公安机关如何许可以及如何许可得更规范、更科学，但未涉及道路运输管理机构。

34. 对烟花爆竹道路运输有哪些具体要求？

《烟花爆竹安全管理条例》（国务院令第455号）将烟花爆竹定义为：烟花爆竹制品和用于生产烟花爆竹的民用黑火药、烟火药、引火线等物品。

《烟花爆竹安全管理条例》规定：

（1）托运人办理《烟花爆竹道路运输许可证》时，应当向运达地县级人民政府公安部门提出申请，并提交承运人从事危险货物运输的资质证明；驾驶人员、押运人员从事危险货物运输的资格证明；危险货物运输车辆的道路运输证明等有关材料。

（2）公安部门核发《烟花爆竹道路运输许可证》后，承运人应按照《烟花爆竹道路运输许可证》的许可事项（如起始地点、行驶路线、经停地点、烟花爆竹的种类、规格和数量）进行运输。

（3）承运人运输烟花爆竹的车辆应该悬挂或安装符合国家标准的易燃易爆危险物品警示标志，要随车携带《烟花爆竹道路运输许可证》。同时要求，装载烟花爆竹的车厢不得载人；运输车辆限速行驶，途中经停必须有专人看守。

持有《烟花爆竹道路运输许可证》运输烟花爆竹即为合法运输，但其许可的前提是运输企业、从业人员、车辆要具有危险货物道路运输资质、资格；同时，执法主体为"安全生产监督管理部门、公安部门、质量监督检验部门"，不涉及交通运输部门。

有关道路运输车辆技术条件要求，可参照《道路运输爆炸品和剧毒化学品车辆安全技术条件》（GB 20300—2006）。

35. 对城镇燃气道路运输有哪些具体要求？

《城镇燃气管理条例》（国务院令第583号）将燃气定义为：作为燃料使用并符合一定要求的气体燃料，包括天然气（含煤层气）、液化石油气和人工煤气等。

日常生活广泛使用的罐装民用"液化石油气"，属于危险货物第2类气体（UN 1075），属于城镇燃气。

《城镇燃气管理条例》规定：

（1）城镇燃气发展规划与应急保障、燃气经营与服务、燃气使用、燃气设施保护、燃气安全事故预防与处理及相关管理活动，适用本条例。

（2）通过道路运输燃气的，应当遵守法律、行政法规有关危险货物运输安全的规定以及国务院交通运输部门的有关规定;通过道路运输燃气的,还应当分别依照有关道路运输的法律、行政法规的规定,取得危险货物道路运输许可。

(3)燃气经营者应当对其从事瓶装燃气送气服务的人员和车辆加强管理,并承担相应的责任。

36. 对特种设备道路运输有哪些具体要求?

《中华人民共和国特种设备安全法》(以下简称《特种设备安全法》)将特种设备定义为:对人身和财产安全有较大危险性的锅炉、压力容器(含气瓶)、压力管道、电梯、起重机械、客运索道、大型游乐设施、场(厂)内专用机动车辆,以及法律、行政法规规定适用本法的其他特种设备。

2014年10月30日,原国家质量监督检验检疫总局发布了《特种设备目录》,明确了特种设备。其中涉及危险货物道路运输的有专用罐车上安装的承压容器(罐体)和气瓶(氧气瓶等)。

(1)承压容器(罐体),也称压力容器,是指盛装气体或液体,承载一定压力的密闭设备,其范围规定为最高工作压力大于或等于0.1MPa(表压),且压力与容积的乘积大于或等于2.5MPa·L的气体、液化气体和最高工作温度高于或等于标准沸点的液体的固定式容器和移动式容器。

(2)气瓶是指盛装公称工作压力大于或等于0.2MPa(表压),且压力与容积的乘积大于或等于1.0MPa·L的气体、液化气体和标准沸点等于或低于60℃液体的压力容器。

《特种设备安全法》规定:

(1)特种设备安全管理人员、检测人员和作业人员应当按照国家有关规定取得相应资格,方可从事相关工作;应当严格执行安全技术规范和管理制度,保证特种设备安全。

(2)特种设备使用单位应当对特种设备作业人员进行特种设备安全教育和培训,保证特种设备作业人员具备必要的特种设备安全作业知识。

(3)特种设备作业人员在作业中应当严格执行特种设备的操作规程和有关的安全规章制度。

(4)锅炉、压力容器、电梯、起重机械、客运索道、大型游乐设施的作业人员及其相关管理人员,应当按照国家有关规定经特种设备安全监督管理部门考核合格,取得国家统一格式的特种作业人员证书,方可从事相应的作业或管理工作。特种设备的技术要求很高,技术性也很强,因此特种设备检验、充装等技术管理工作由质检部门专门负责。

■ 知识链接 ◄

气瓶运输是否属于特种设备作业?

汽车运输氧气瓶(压力瓶)或罐车的压力罐体及承压罐式集装,一般来说,运输不属于操作,但在极特殊情况下,有些驾驶人员、押运人员有可能涉及罐体的充装工作,这时有关人员要持有"特种作业人员证书"。

《移动式压力容器安全技术监察规程》（TSG R0005—2011）规定，对于从事移动式压力容器运输押运的人员，应当取得国务院有关部门规定的资格证书，即《特种设备作业人员证》。

(5)压力容器属于特种设备，实际投入使用前，使用单位要按移动压力容器铭牌和产品数据表规定的一种介质，向产权单位所在地（或车辆注册登记地）的直辖市或设区市的负责特种设备安全监督管理的部门申请取得《特种设备使用登记证》及电子记录卡。

(6)危险货物、危险化学品道路运输从业人员，如果涉及特种设备（压力容器、气瓶、附件）的操作，应按照《特种设备安全法》的要求，特种设备作业人员应当按照国家有关规定取得相应资格，方可从事相关工作。

(7)在使用气瓶时，不得将气瓶内的气体全部用光，要留有一定的气压（余压）。压力容器罐车也不允许将容器内的压力释放，完全与外界大气压一样，而应留有残留压力。因此，盛装过危险货物的空容器的运输，应与原装物品的条件相同，按危险货物运输。

知识链接

余压（剩余气体）不少于规定充装量的0.5%～1.0%的理由有：(1)乙炔气瓶里面溶剂是丙酮，乙炔本身具有高度可燃可爆性，必须含有余压，否则空气进气瓶后会发生火灾或爆炸。(2)使用氧气瓶时，不得将瓶内氧气全部用完，最少应留0.1MPa，以便在再装氧气时吹除灰尘和避免混进其他气体。

37. 特种作业人员与特种设备作业人员有哪些区别？

《安全生产法》规定，生产经营单位的特种作业人员必须按照国家有关规定经专门的安全作业培训，取得相应资格，方可上岗作业。

《特种作业目录》中危险化学品安全作业，是指从事危险化工工艺过程操作及化工自动化控制仪表安装、维修、维护的作业，不涉及危险化学品道路运输。即特种作业不涉及危险货物、危险化学品道路运输。

《特种设备安全法》规定，特种设备安全管理人员、检测人员和作业人员应当按照国家有关规定取得相应资格，方可从事相关工作。

《特种设备目录》中涉及危险货物道路运输的有专用罐车上安装的承压容器（罐体）和气瓶（氧气瓶等）。危险货物、危险化学品道路运输从业人员，如果涉及特种设备（压力容器、气瓶、附件）的操作，应按照《特种设备安全法》的要求，取得特种设备作业人员资格。

38. 气瓶安全管理的基础知识有哪些？

1）结构

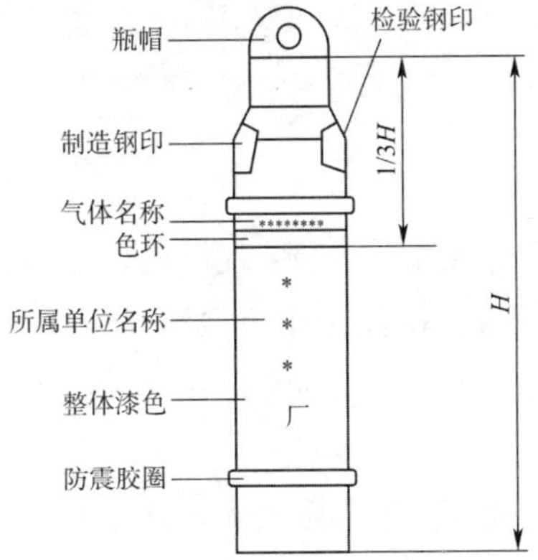

2）常用颜色标识

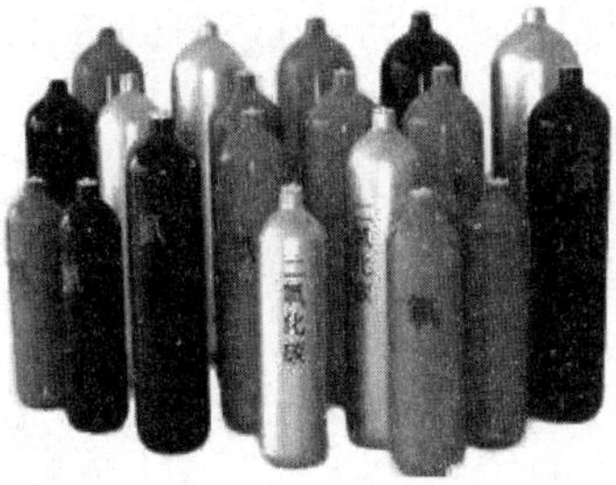

常用气瓶的颜色标志				
气瓶	颜色	字样	字色	色环
氧气	淡蓝	氧	黑	
氢气	淡绿	氢	大红	
氮气	黑	氮	淡黄	
氩气	浅灰	氩	绿	白
乙炔	白	乙炔不可近火	大红	淡黄
二氧化碳	铝白	液化二氧化碳	黑	

3）标记

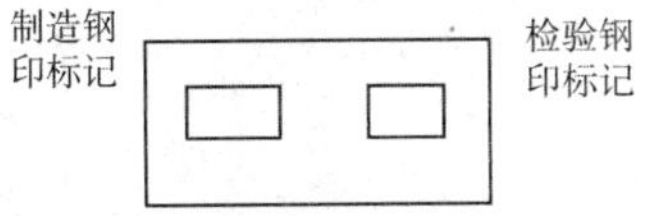

钢印标记打在护罩

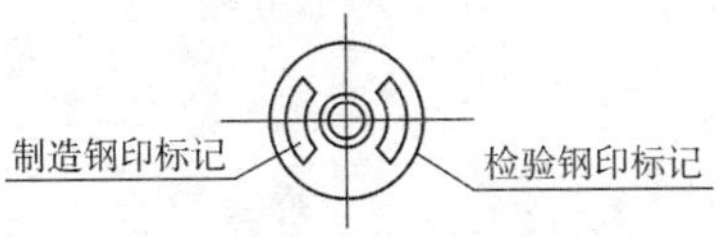

钢印标记打在瓶肩

4）日常检查与使用

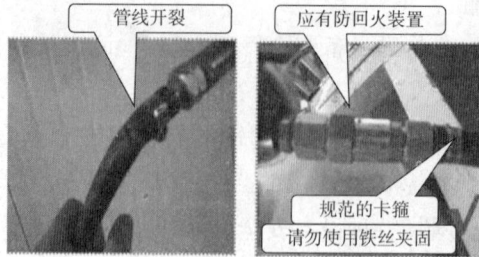

管线开裂

应有防回火装置

规范的卡箍

请勿使用铁丝夹固

5）使用安全要求

人员合格、安全检查、附件完好
直立放置、安全距离、防止暴晒
避免冻结、严禁撞击、远离热源
保持清洁、安全操作、留有余压

6）气瓶使用相关规定

（1）使用气瓶前使用者应重点对气瓶盛装气体进行确认，检查盛装气体是否符合作业要求；瓶体是否完好；减压器、流量表、软管、防回火装置是否有泄漏、磨损及接头松懈等现象。

（2）气瓶应放置在通风、阴凉、无腐蚀的专用场所使用，防止雨淋和日光曝晒，不应接触有电流通过的导体。

（3）气瓶应立放使用，严禁卧放，并应采取防止倾倒的措施，有毒有害气体应固定在专用气瓶柜内使用。

（4）严禁敲击、碰撞气瓶。严禁在气瓶上进行电焊引弧。

（5）气瓶严禁靠近火源、热源和电气设备，与明火距离不少于10m；氧气瓶和乙炔气瓶同时使用时，应尽量避免放在一起。

（6）使用后的空瓶，应移至空瓶存放区；严禁空瓶与实瓶混存。

第4单元　危险货物道路运输管理

本单元主要介绍《道路危险货物运输管理规定》(交通运输部令2016年第36号,以下简称《危规》)中危险货物道路运输的相关要求。

一、有关概念

1. 货物道路运输经营的含义是什么?

根据《道路交通安全法》对"道路"的定义,"货物道路运输"即在道路上用汽车和其他运输工具从事货物运输,或在道路上使用载货汽车运输货物的过程。

《道路运输条例》将"货物道路运输经营"简称为"货运经营",并对申请从事货运经营的企业及其驾驶人员提出了基本要求,对申请从事危险货物运输经营的,增加了附加条件。由此可知,货运经营包括危险货物运输经营,还包括普通货物运输经营。

> **知识链接**
>
> 《道路运输条例》第二十五条规定,申请从事货运经营的,应当依法向工商行政管理机关办理有关登记手续后,按照下列规定提出申请并分别提交符合本条例第二十二条、第二十四条规定条件的相关材料:
>
> (一)从事危险货物运输经营以外的货运经营的,向县级道路运输管理机构提出申请;
>
> (二)从事危险货物运输经营的,向设区的市级道路运输管理机构提出申请。
>
> 依照前款规定收到申请的道路运输管理机构,应当自受理申请之日起20日内审查完毕,作出许可或者不予许可的决定。予以许可的,向申请人颁发《道路运输经营许可证》,并向申请人投入运输的车辆配发车辆营运证;不予许可的,应当书面通知申请人并说明理由。

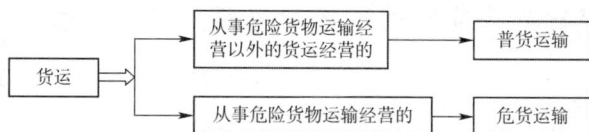

```
          ┌──→ 从事危险货物运输经 ──→ 普货运输
          │     营以外的货运经营的
货运 ══►──┤
          │
          └──→ 从事危险货物运输经营的 ──→ 危货运输
```

《机动车行驶证》上"车辆使用性质",一般先由公安机关将货车确定为"货运",再由道路运输管理机构根据企业的申请,及其《道路运输经营许可证》的经营范围、车辆的适装性,为其车辆配发在"经营范围"处标注相应内容的《道路运输证》。

2. 危险货物安全管理的主要法规、标准是什么?

1) 主要法规

(1) 主要法律、法规有《安全生产法》《道路交通安全法》《道路交通安全法实施条例》《危险化学品安全管理条例》《道路运输条例》。

(2) 主要规章、规范性文件有《危规》《关于做好〈道路危险货物运输管理规定〉贯彻实施的有关工作的通知》(厅函运〔2013〕74号)、《剧毒化学品购买和公路运输许可证件管理办法》。

(3) 其他法规有《固体废物污染环境法》(中华人民共和国主席令第31号)、《医疗废物管理条例》(国务院第380号令)、《麻醉药品和精神药品管理条例》(国务院第443号令)、《易制毒化学品管理条例》(国务院第445号令)、《城镇燃气管理条例》(国务院第562号令)等。

2) 主要标准

(1) 主要国家标准有《危险货物分类和品名编号》(GB 6944—2012)、《危险货物品名表》(GB 12268—2012)、《道路运输危险货物车辆标志》(GB 13392—2005)、《气瓶直立道路运输技术要求》(GB/T 30685—2014)、《危险化学品目录(2015版)》《易制爆危险化学品名录》(2017年版)。

(2) 主要行业标准有《汽车运输危险货物规则》(JT 617—2004)、《汽车运输、装卸危险货物作业规程》(JT 618—2004)、《危险货物道路运输企业运输事故应急预案编制要求》(JT/T 911—2014)、《危险货物道路运输企业安全生产管理制度编写要求》(JT/T 912—2014)、《危险货物道路运输企业安全生产责任制编写要求》(JT/T 913—2014)、《危险货物道路运输企业安全生产档案管理技术要求》(JT/T 914—2014)。

(3) 涉及危险货物道路运输车辆(罐车、道路运输爆炸品和剧毒化学品车辆)安全标示牌的标准有《道路运输液体危险货物罐式车辆第1部分:金属常压罐体技术要求》(GB 18564.1—2006)、《道路运输液体危险货物罐式车辆第2部分:非金属常压罐体技术要求》(GB 18564.2—2008)、《道路运输爆炸品和剧毒化学品车辆安全技术条件》(GB 20300—2006)。

3. 交通运输部对危险货物道路运输负有的法定职责是什么?

1) 法定职责

根据《危险化学品安全管理条例》,交通运输主管部门负责危险化学品道路运输的许可以及运输工具的安全管理,负责危险化学品道路运输企业驾驶人员、装卸管理人员、押运人员的资格认定,也称"三关一监督"。

一关:负责危险化学品道路运输的许可——危险货物道路运输企业的资质关,即企业要有5辆以上的专用车辆,进一步延伸要求是企业执行本企业在设立申请时提交运输管理部

门备用的有关规章制度;

二关:负责危险化学品道路运输工具的安全管理——危险货物道路运输车辆技术关,即专用车辆一级,进一步延伸的要求是专用车辆悬挂符合国家标准的标志灯、标志牌、标识牌;

三关:负责危险化学品道路运输企业驾驶人员、装卸管理人员、押运人员的资格认定——危险货物道路运输企业从业人员的从业资格关,即从业人员要经考试合格,持证上岗。

一监督:做好上述工作的监督检查工作,即许可什么监督什么。

需要注意的是,"三关"是相对静止的,而"监督"是动态的,要严把"三关",更要定期或不定期地对被许可的企业(单位)进行督察,如企业的资质、车辆的技术要求、从业人员的资格在运营过程中发生了变化,达不到当初的许可条件,要限期整改。限期不整改的,要取消其危险货物道路运输许可。

为了更好地履行法定职责,交通运输主管部门的相关人员,要把握好本书第3单元中危险货物道路运输基础知识,厘清职责。如交通运输部门没有确定货物性质的职责,但从进一步加强危险货物道路运输管理,更好地服务危险货物道路运输企业(单位)出发,应尽可能地多学习有关危险化学品及其相关安全运输知识。

知识链接

在事故调查中发现,道路运输管理人员经常因为监督工作不到位(安全监督管理工作不力、督促检查不到位)被追责。主要原因是运输管理人员数量有限,无法"驻站(驻企业)",也无法时时监督检查。故交通运输部或省级、市级交通运输主管部门要将监督检查工作制度化。如制定《危险货物道路运输企业监督工作规定》,要求省级运输管理机构,一年抽查辖区内30%的危险货物道路运输企业;市级(许可单位)运输管理机构,一年全面检查1次所许可的危险货物道路运输企业;县级运输管理机构,一年检查2次辖区内的危险货物道路运输企业。实行信息共享、三级管理。

2)法律责任

依据《危险化学品安全管理条例》,由交通运输主管部门负责对未依法取得危险货物道路运输许可、危险货物水路运输许可,而从事危险化学品道路运输、水路运输的,进行处罚。具体情况如下:

①有危险化学品道路运输企业、水路运输企业的驾驶人员、船员、装卸管理人员、押运人员、申报人员、集装箱装箱现场检查员未取得从业资格上岗作业的;②运输危险化学品,未根据危险化学品的危险特性采取相应的安全防护措施,或者未配备必要的防护用品和应急救援器材的;③托运人不向承运人说明所托运的危险化学品的种类、数量、危险特性以及发生危险情况的应急处置措施,或者未按照国家有关规定对所托运的危险化学品妥善包装并在外包装上设置相应标志的;④运输危险化学品需要添加抑制剂或者稳定剂,托运人未添加或者未将有关情况告知承运人的,由交通运输主管部门责令改正,处5万元以上10万元以下的罚款;拒不改正的,责令停产停业整顿;构成犯罪的,依法追究刑事责任。

①有委托未依法取得危险货物道路运输许可、危险货物水路运输许可的企业承运危险化学品的；②在托运的普通货物中夹带危险化学品，或者将危险化学品谎报或者匿报为普通货物托运的，由交通运输主管部门责令改正，处 10 万元以上 20 万元以下的罚款，有违法所得的，没收违法所得；拒不改正的，责令停产停业整顿；构成犯罪的，依法追究刑事责任。

有危险化学品道路运输企业、水路运输企业未配备专职安全管理人员的，由交通运输主管部门责令改正，可以处 1 万元以下的罚款；拒不改正的，处 1 万元以上 5 万元以下的罚款。

4. 国务院其他部委对危险货物道路运输负有的法定职责是什么？

1) 安全生产监督管理部门

(1) 法定职责。

依据《危险化学品安全管理条例》，安全生产监督管理部门负责危险化学品安全监督管理综合工作，组织确定、公布、调整《危险化学品目录》，对新建、改建、扩建生产、储存危险化学品（包括使用长输管道输送危险化学品，下同）的建设项目进行安全条件审查，核发危险化学品安全生产许可证、危险化学品安全使用许可证和危险化学品经营许可证，并负责危险化学品登记工作。

(2) 法律责任。

依据《危险化学品安全管理条例》，有下列情形之一的，由安全生产监督管理部门责令改正，可以处 5 万元以下的罚款；拒不改正的，处 5 万元以上 10 万元以下的罚款；情节严重的，责令停产停业整顿：①危险化学品生产企业未提供化学品安全技术说明书，或者未在包装（包括外包装件）上粘贴、拴挂化学品安全标签的；②危险化学品生产企业提供的化学品安全技术说明书与其生产的危险化学品不相符，或者在包装上（包括外包装件）粘贴、拴挂的化学品安全标签与包装内危险化学品不相符，或者化学品安全技术说明书、化学品安全标签所载明的内容不符合国家标准要求的；③危险化学品经营企业经营没有化学品安全技术说明书和化学品安全标签的危险化学品的；④危险化学品包装物、容器的材质以及包装的型式、规格、方法和单件质量（重量）与所包装的危险化学品的性质和用途不相适应的。

生产、储存、使用危险化学品的单位有对重复使用的危险化学品包装物、容器，在重复使用前不进行检查的，由安全生产监督管理部门责令改正，处 5 万元以上 10 万元以下的罚款；拒不改正的，责令停产停业整顿直至由原发证机关吊销其相关许可证件，并由工商行政管理部门责令其办理经营范围变更登记或者吊销其营业执照；有关责任人员构成犯罪的，依法追究刑事责任。

2) 公安机关

(1) 法定职责。

依据《危险化学品安全管理条例》，公安机关负责危险化学品的公共安全管理，核发剧毒化学品购买许可证、剧毒化学品道路运输通行证，并负责危险化学品运输车辆的道路交通安全管理。

（2）法律责任。

依据《危险化学品安全管理条例》，有下列情形之一的，由公安机关责令改正，处 1 万元以上 5 万元以下的罚款；构成违反治安管理行为的，依法给予治安管理处罚：①危险化学品运输车辆未悬挂或者喷涂警示标志，或者悬挂或者喷涂的警示标志不符合国家标准要求的；②通过道路运输危险化学品，不配备押运人员的；③运输剧毒化学品或者易制爆危险化学品途中需要较长时间停车，驾驶人员、押运人员不向当地公安机关报告的；④剧毒化学品、易制爆危险化学品在道路运输途中丢失、被盗、被抢或者发生流散、泄漏等情况，驾驶人员、押运人员不采取必要的警示措施和安全措施，或者不向当地公安机关报告的。

有对发生交通事故负有全部责任或者主要责任的危险化学品道路运输企业，由公安机关责令消除安全隐患，未消除安全隐患的危险化学品运输车辆，禁止上道路行驶。

3）质量监督检验检疫部门

（1）法定职责。

依据《危险化学品安全管理条例》，质量监督检验检疫部门负责核发危险化学品及其包装物、容器（不包括储存危险化学品的固定式大型储罐，下同）生产企业的工业产品生产许可证，并依法对其产品质量实施监督，负责对进出口危险化学品及其包装实施检验。

（2）法律责任。

依据《危险化学品安全管理条例》，危险化学品包装物、容器生产企业销售未经检验或者经检验不合格的危险化学品包装物、容器的，由质量监督检验检疫部门责令改正，处 10 万元以上 20 万元以下的罚款，有违法所得的，没收违法所得；拒不改正的，责令停产停业整顿；构成犯罪的，依法追究刑事责任。

4）环保主管部门

依据《危险化学品安全管理条例》，环境保护主管部门负责废弃危险化学品处置的监督管理，组织危险化学品的环境危害性鉴定和环境风险程度评估，确定实施重点环境管理的危险化学品，负责危险化学品环境管理登记和新化学物质环境管理登记；依照职责分工调查相关危险化学品环境污染事故和生态破坏事件，负责危险化学品事故现场的应急环境监测。

5）卫生主管部门

依据《危险化学品安全管理条例》，卫生主管部门负责危险化学品毒性鉴定的管理，负责组织、协调危险化学品事故受伤人员的医疗卫生救援工作。

6）工商行政管理部门

依据《危险化学品安全管理条例》，工商行政管理部门依据有关部门的许可证件，核发危险化学品生产、储存、经营、运输企业营业执照，查处危险化学品经营企业违法采购危险化学品的行为。

7）邮政管理部门

依据《危险化学品安全管理条例》，邮政管理部门负责依法查处寄递危险化学品的行为。

5.《危规》的上位法及主要作用是什么？

(1)《危规》的上位法主要有《道路运输条例》《危险化学品安全管理条例》等。

■ **知识链接** ◂━┐

《危规》的适用范围不包括军事危险货物运输、民用爆炸物品、烟花爆竹、放射性物品道路运输。具体地，民用爆炸物品道路运输，适用《民用爆炸物品安全管理条例》；烟花爆竹道路运输，适用《烟花爆竹安全管理条例》；放射性物品道路运输，适用《放射性物品安全管理条例》和《放射性物品道路运输管理规定》。

(2)《危规》的主要作用是从许可、专用车辆、设备管理、运输、监督检查、法律责任等方面，规范危险货物道路运输活动。

《危规》是我国最权威、最基础、最实用的部门规章，是道路运输管理机构对危险货物道路运输企业进行危险货物道路运输安全管理的工作依据。

6.危险货物道路运输的含义是什么？

《危规》规定，道路危险货物运输，是指使用载货汽车通过道路运输危险货物的作业全过程。"载货汽车"是根据《机动车行驶证》中"车辆类型"确定的。

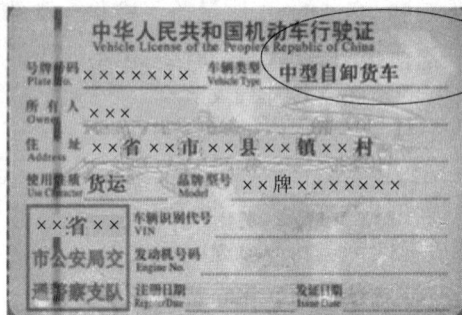

7."专用车辆"的含义是什么？

《危规》规定，道路危险货物运输车辆，是指满足特定技术条件和要求，从事道路危险货物运输的载货汽车(以下简称专用车辆)。

首先，此处"专用车辆"与《机动车类型术语和定义》(GA 802—2014)中的"专项作业车"不同，"专用车辆"是指获得危险货物运输许可后的普通货车(如栏板货车)，而"专项作业车"是指装置有专用设备或器具，在设计和制造上适用于专项作业的汽车。如汽车起重机、混凝土泵车、清障车、高空作业车、扫路车、吸污车、钻机车、仪器车、检测车、监测车、电源车、通信车、电视车、采血车、医疗车、体检医疗车(消防车、救险车、垃圾车、应急车、街道清洗车、扫雪车、清洁车)等，但不包括以载运人员或货物为主要目的的汽车。

8. "军事危险货物运输除外"的含义是什么?

"军事危险货物运输除外"即挂"军牌""武警车牌"等的车辆除外。在实际操作中,这些车辆的运输活动不在交通运输部门、道路运输管理机构的管理职责范围内,而是受其他相关法律、行政法规管理。如《道路交通安全法》在第一百二十条规定,中国人民解放军和中国人民武装警察部队在编机动车牌证、在编机动车检验以及机动车驾驶人考核工作,由中国人民解放军、中国人民武装警察部队有关部门负责。

二、许可条件

9. 从事危险货物道路运输经营的许可条件是什么?

根据《危规》第八条,从事危险货物道路运输经营的许可条件包括有符合要求的专用车辆及设备、停车场地、从业人员和安全管理人员以及健全的安全生产管理制度。

通过具体化许可条件,严把市场准入关,坚决杜绝不具备安全条件的企业从事危险货物道路运输。

10. 对专用车辆及设备有哪些具体要求?

根据《危规》第八条,专用车辆及设备应符合以下要求:

(1)自有专用车辆(挂车除外)5辆以上;运输剧毒化学品、爆炸品的,自有专用车辆(挂车除外)10辆以上。

①"自有"要求企业对专用车辆具有所有权,可以对车辆实际占有、使用(调度)、收益和处分,并且在《机动车行驶证》上明确注明机动车所有人为企业。根据法律的"登记生效"原则,车辆和驾驶人员都是企业的,故每次危险货物道路运输都是企业行为,企业是安全生产的责任主体,要对安全生产负全责。②"挂车除外"是指挂车不计算在车辆数量中,如企业有4辆专用车辆,1辆挂车,则其不符合自有专用车辆5辆以上的条件要求。③"运输剧毒化学品、爆炸品的,自有专用车辆(挂车除外)10辆以上",是根据"分类管理"原则,对运输剧毒化学品、爆炸品经营企业的行政许可资质条件提出了更加严格的要求。通过提高准入门槛,要求企业加大安全投入和逐步实现规模化、专业化。④"自有专用车辆5辆以上"应含5辆。"10辆以上"并不是指专门运输剧毒化学品、爆炸品的车辆数量需要10辆以上,而是企业所有危险货物运输的自有车辆达到10辆以上。

(2)专用车辆的技术性能要求应当符合《道路运输车辆技术管理规定》(交通运输部令2016年第1号)有关规定。

《道路运输车辆技术管理规定》对道路运输车辆基本技术条件、技术管理一般要求、车辆维护与修理、车辆检测管理等给出了系统要求。

(3)配备有效的通信工具。

通信工具是指为了在危险货物运输过程中发生意外时报警或向承运人、托运人、有关部门报告情况，请求救援的通信联络设备。如驾驶人员或押运人员随车携带的移动电话（手机）、车载电话等。

（4）专用车辆应当安装具有行驶记录功能的卫星定位装置。

《国务院关于进一步加强企业安全生产工作的通知》（国发〔2010〕23号）规定，运输危险化学品、烟花爆竹、民用爆炸物品的道路专用车辆，旅游包车和三类以上的班线客车要安装使用具有行驶记录功能的卫星定位装置。为了进一步做好专用车辆的动态监控，交通运输部、公安部、原国家安全生产监督管理总局联合下发了《道路运输车辆动态监督管理办法》（交通运输部、公安部、国家安全生产监督管理总局令2014年第5号）。

（5）运输剧毒化学品、爆炸品、易制爆危险化学品的，应当配备罐式、厢式专用车辆或者压力容器等专用容器。

剧毒化学品以《危险化学品目录（2015版）》中的备注为准，爆炸品的项别和品名以《危险货物品名表》（GB 12268—2012）为准；易制爆危险化学品的品名以公安部门制定的《易制爆危险化学品名录》（2017年版）为准。移动罐体不属于专用容器。

（6）罐式专用车辆的罐体应当经质量检验部门检验合格，且罐体载货后总质量与专用车辆核定载质量相匹配。运输爆炸品、强腐蚀性危险货物的罐式专用车辆的罐体容积不得超过 $20m^3$，运输剧毒化学品的罐式专用车辆的罐体容积不得超过 $10m^3$，但符合国家有关标准的罐式集装箱除外。

（7）运输剧毒化学品、爆炸品、强腐蚀性危险货物的非罐式专用车辆，核定载质量不得超过10t，但符合国家有关标准的集装箱运输专用车辆除外。

①通过限制运输剧毒化学品、爆炸品、强腐蚀性危险货物车辆的最大载质量，有利于将事故危害控制在一定范围内。②"强腐蚀性"应依据"化学品安全技术说明书和安全标签"的相关内容确定。③不符合该最大载质量要求的许可应予以吊销。④"符合国家有关标准的罐式集装箱除外""符合国家有关标准的集装箱运输专用车辆除外"主要是指集装箱、集装罐要符合《系列1 集装箱分类、尺寸和额定质量》（GB/T 1413—2008）、《液体危险货物罐式集装箱》（NB/T 47064—2017）等国家标准要求且要有国家的产品合格证；一般国际贸易（进出口）中使用的或者具有国家颁布的《工业产品生产许可证》企业生产的，都可以认为是符合有关国家标准。在实际工作中，对是否符合国家有关标准提出质疑的一方，负有举证的责任。

（8）配备与运输的危险货物性质相适应的安全防护、环境保护和消防设施设备。

危险货物道路运输企业应当满足《安全生产法》《危险化学品安全管理条例》《道路运输条例》等法律法规，《道路运输液体危险货物罐式车辆　第1部分：金属常压罐体技术要求》（GB 18564.1—2006）、《汽车运输危险货物规则》（JT 617—2004）、《汽车运输、装卸危险货物作业规程》（JT 618—2004）等标准和"所运的危险货物"的"化学品安全技术说明书和化学品安全标签"的有关安全要求。同时，企业法人要对所配备的安全防护、环境保护和消防设施设备是否与所运危险货物的性质相适应以及设施设备是否合格、有效负责,并承担相关法律责任。审批机关要审查所提供的相关证明材料,行使监督检查职能。

11. 对停车场地有哪些具体要求?

(1)场地性质要求。自有或者租借期限为3年以上,且与经营范围、规模相适应,应当位于企业注册地市级行政区域内。

(2)场地面积要求。运输剧毒化学品、爆炸品专用车辆以及罐式专用车辆,数量为20辆(含)以下的,停车场地面积不低于车辆正投影面积的1.5倍,数量为20辆以上的,超过部分,每辆车的停车场地面积不低于车辆正投影面积;运输其他危险货物,专用车辆数量为10辆(含)以下的,停车场地面积不低于车辆正投影面积的1.5倍;数量为10辆以上的,超过部分,每辆车的停车场地面积不低于车辆正投影面积。

明确停车场面积将有利于减少挂靠现象,解决异地经营、乱停车的问题。

(3)场地安全要求。应当封闭并设立明显标志,不得妨碍居民生活和威胁公共安全。

上述要求既遵从了各省对停车场设置的实际情况,也区分了危险货物的不同危险特性。

12. 对从业人员的要求是什么?

(1)取得从业资格证。《危规》规定,从事危险货物道路运输的驾驶人员、装卸管理人员、押运人员应当经所在地(户籍地或者暂住地)设区的市级人民政府交通运输主管部门考试合格,并取得相应的从业资格证;从事剧毒化学品、爆炸品道路运输的驾驶人员、装卸管理人员、押运人员,应当经考试合格,取得注明为"剧毒化学品运输"或者"爆炸品运输"类别的从业资格证。即危险货物道路运输企业从业人员需持《中华人民共和国道路运输从业人员从业资格证》上岗,且该证全国通用,在上岗时需随身携带。

《中华人民共和国道路运输从业人员从业资格证》式样见附录二。

(2)押运人员应全程监督管理危险货物道路运输,提醒驾驶人员安全驾驶,防止危险货物被盗、丢失,发生事故时及时报警、应急处理。

实际工作中,配备押运人员的情况有:①除驾驶人员外,配备专职押运人员;②由副驾驶人员兼押运人员;但是,由于押运人员具有重要的职责,长途运输的双驾驶人员不宜兼押运人员。不管上述哪种情况,押运人员都要持有合法有效的从业资格证。

《危险化学品安全管理条例》规定,通过道路运输危险化学品,不配备押运人员的,由公安机关责令改正,处1万元以上5万元以下的罚款;构成违反治安管理行为的,依法给予治安管理处罚;危险化学品道路运输企业的驾驶人员、装卸管理人员、押运人员未取得从业资格上岗作业的,由交通运输主管部门责令改正,处5万元以上10万元以下的罚款;拒不改正的,责令停产停业整顿;构成犯罪的,依法追究刑事责任。

(3)装卸管理人员应在装卸现场指挥或监控。

装卸管理人员的指派是通过承托双方的协商确定的,既可以由托运人指派,也可以由承运人指派。如有特殊要求的危险化学品生产企业,在承运方的运输车辆按生产方的要求将停在指定位置区域后,派专人接车,开到生产区内装货。装货后,再将交给承运方。这种情况下,承运方不可能派装卸管理人员。

> **特别提醒**:从业人员持证上岗后,运输行为属于企业行为,如在工作过程中发生意外事故,其所产生的民事责任应由企业负责。

13. 对专职安全管理人员的要求是什么?

《危险化学安全管理条例》规定,运输企业必须配备专职安全管理人员。《危规》将配备专职安全管理人员作为企业的市场准入条件之一,提高专职安全管理人员在企业的法律地位,充分落实其在企业安全管理的作用,具有重要意义。

14. 安全生产管理制度有哪些具体要求?

根据《危规》第八条,危险货物道路运输企业应有健全的安全生产管理制度,主要包括:

(1)企业主要负责人、安全管理部门负责人、专职安全管理人员安全生产责任制度。

(2)从业人员安全生产责任制度。

(3)安全生产监督检查制度。

(4)安全生产教育培训制度。

(5)从业人员、专用车辆、设备及停车场地安全管理制度。

(6)应急救援预案制度。

(7)安全生产作业规程。

(8)安全生产考核与奖惩制度。

(9)安全事故报告、统计与处理制度。

根据《安全生产法》"建立健全本单位安全生产责任制"和"建立专门的安全管理制度"的规定,可知"安全生产责任制""安全管理制度"是两个不同的制度。为了落实《安全生产法》的要求,指导运输管理机构做好许可工作、指导企业做好安全管理工作,交通运输部已颁布《危险货物道路运输企业安全生产责任制编写要求》(JT/T 913—2014)、《危险货物道路运输企业安全生产管理制度编写要求》(JT/T 912—2014)等行业标准。

15. 从事剧毒化学品、爆炸品道路运输经营的许可条件是什么?

《危规》根据分类管理的原则,进一步加强了对剧毒化学品、爆炸品道路运输的管理。从事剧毒化学品、爆炸品道路运输经营的许可条件有:

(1)运输剧毒化学品、爆炸品的,自有专用车辆(挂车除外)10辆以上。

(2)运输剧毒化学品、爆炸品的,应当配备罐式、厢式专用车辆或者压力容器等专用容器。

（3）运输爆炸品的罐式专用车辆的罐体容积不得超过 $20m^3$，运输剧毒化学品的罐式专用车辆的罐体容积不得超过 $10m^3$，但符合国家有关标准的罐式集装箱除外。

（4）运输剧毒化学品、爆炸品的非罐式专用车辆，核定载质量不得超过 $10t$，但符合国家有关标准的集装箱运输专用车辆除外。

（5）运输剧毒化学品、爆炸品专用车辆以及罐式专用车辆，数量为 20 辆（含）以下的，停车场地面积不低于车辆正投影面积的 1.5 倍，数量为 20 辆以上的，超过部分，每辆车的停车场地面积不低于车辆正投影面积。

（6）运输剧毒化学品、爆炸品的企业或者单位，应当配备专用停车区域，并设立明显的警示标牌。

（7）从事剧毒化学品、爆炸品道路运输的驾驶人员、装卸管理人员、押运人员，应当经考试合格，取得注明为"剧毒化学品运输"或者"爆炸品运输"类别的从业资格证。

16. 从事非经营性危险货物道路运输的许可条件是什么？

《危规》将非经营性危险货物道路运输的准入条件、运输要求等同于经营性危险货物道路运输。

省级以上安全生产监督管理部门批准设立的生产、使用、储存危险化学品的企业，及有特殊需求的科研、军工等企事业单位，可从事非经营性危险货物道路运输。由于国内外的大型专业危险化学品生产企业技术力量雄厚，设备和运输条件好，且其了解自己产品的性质，有完善的安全制度，所以，我国把鼓励大型专业危险化学品生产企业从事危险货物运输作为行业引导的一个方向。

同时，考虑到非经营性危险货物道路运输单位只能承运本单位的危险货物，在危险货物性质比较特殊，运量较小，流向分散，不需要 5 辆以上的车辆就能满足需要，因此，放宽了对非经营性危险货物道路运输单位专用车辆数量的限制。

17. 申请从事非经营性危险货物道路运输应提供的材料有哪些？

《危规》规定，申请从事非经营性危险货物道路运输的单位，向所在地设区的市级道路运输管理机构提出申请时，需提交以下材料：

（1）证明专用车辆、设备情况的材料。

（2）拟聘用专职安全管理人员、驾驶人员、装卸管理人员、押运人员的，应当提交拟聘用承诺书，承诺期限不得超过 1 年；已聘用的应当提交从业资格证及其复印件以及驾驶证及其复印件。

（3）停车场地的土地使用证、租借合同、场地平面图等材料。

（4）相关安全防护、环境保护、消防设施设备的配备情况清单。

（5）有关安全生产管理制度文本。

（6）《道路危险货物运输申请表》，包括申请人基本信息、申请运输的物品范围（类别、项别或品名，如果为剧毒化学品应当标注"剧毒"）等内容。

(7) 下列形式之一的单位基本情况证明：①省级以上安全生产监督管理部门颁发的危险化学品生产、使用等许可证明；②能证明科研、军工等企事业单位性质或者业务范围的有关材料。

知识链接

(1) 生产危险化学品的企业。《危险化学品安全管理条例》规定，危险化学品生产企业进行生产前，应当依照《安全生产许可证条例》的规定，取得危险化学品安全生产许可证。故生产危险化学品的企业可提交"危险化学品生产许可证"。

(2) 使用危险化学品的企业。《危险化学品安全管理条例》规定，使用危险化学品从事生产并且使用量达到规定数量的化工企业（属于危险化学品生产企业的除外，下同），应当依照本条例的规定取得危险化学品安全使用许可证。故使用危险化学品的企业可提交"危险化学品使用许可证"。

(3) 储存危险化学品的企业。《危险化学品安全管理条例》中未明确表述要颁发相关许可证明，故《危规》中提出具体要求。储存危险化学品的企业，提供省级以上安全生产监督管理部门合法储存经营的证明材料即可。

(4) 科研、军工等企事业单位。该类单位提交的材料要对特殊需求作出说明，证明特殊需求确实存在，且与本单位的科研、生产活动相关。具体由该单位的上级单位（一般为其主管部门或是对其进行工商登记的工商部门）出具。

(8) 特殊运输需求的说明材料。

(9) 经办人的身份证明及其复印件，所在单位的工作证明或者委托书。

18. 非经营性危险货物道路运输证件有哪些？

非经营性危险货物道路运输需有《道路危险货物运输许可证》，车辆需有加盖"非经营性危险货物运输专用章"的《道路运输证》，从业人员需有《从业资格证》。

19.《道路运输经营许可证》《道路运输证》的"经营范围"的关系是什么？

《道路运输证》的"经营范围"，不能超过《道路运输经营许可证》的"经营范围"，即专用车辆的适用性小于或等于企业的经营范围。如《道路运输经营许可证》的"经营范围"是危险货物运输（第3类、第4.1项），则为专用车辆配发的《道路运输证》的"经营范围"只可标注"汽油""柴油"等具体的危险货物品名。

同样，挂车《道路运输证》的"经营范围"，不能超过运输时其牵引车《道路运输证》的"经营范围"。且牵引车《道路运输证》的"经营范围"，不能超过本企业《道路运输经营许可证》的"经营范围"。

20. 设立子公司、分公司许可的规定是什么？

《危规》规定，危险货物道路运输企业设立子公司从事危险货物道路运输的，应当向子公司注册地设区的市级道路运输管理机构申请运输许可。设立分公司的,应当向分公司注册地设区的市级道路运输管理机构申请备案。

需要说明的是,由于分公司不具有法人资格,所以对设立分公司的备案不需要再颁发"道路运输经营许可证件";设立分公司涉及申请企业车辆、设备、人员增加的,申请企业应当提交相关材料,受理备案的运输管理机构有义务对其是否具备规定的资质条件进行审查,需要实地核实的要进行实地核实,核实后要对新增加车辆配发《道路运输证》。同时,其《道路运输证》的"经营许可证号",按总公司的"经营许可证号"标注;其编号由配发证书的运输管理机构标注;其经营范围不能超过总公司。

三、运输管理

21. 托运人的职责是什么?

(1)确定货物性质。托运人负责确定货物的性质,并承担恶意夹带、匿报或者谎报的法律责任。

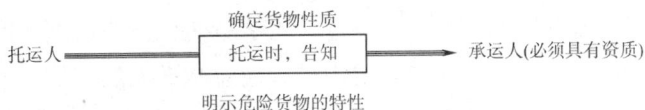

(2)依法委托。托运人应当委托具有危险货物道路运输资质的企业承运。该职责是从源头管理入手,可以很好地杜绝非法承运的问题。

《危险化学品安全管理条例》规定,委托未依法取得危险货物道路运输许可、危险货物水路运输许可的企业承运危险化学品的,由交通运输主管部门责令改正,处10万元以上20万元以下的罚款,有违法所得的,没收违法所得;拒不改正的,责令停产停业整顿;构成犯罪的,依法追究刑事责任。

(3)托运记录。托运人在托运危险货物时,应当对承运人是否具备危险货物运输的资质以及运输的车辆状况、从业人员资格等进行查阅,并对相关的承运信息予以记录,以备道路运输管理机构等有关部门进行查阅。特别是发生运输事故之后,进行事故原因调查、认定事故责任时,托运人需要提供相关的承运信息记录。

(4)告知义务。托运人应当严格按照国家有关规定妥善包装并在外包装设置标志,并向承运人说明危险货物的品名、数量、危害、应急措施等情况。需要添加抑制剂或者稳定剂的,托运人应当按照规定添加,并告知承运人相关注意事项。托运人托运危险化学品的,还应当提交与托运的危险化学品完全一致的安全技术说明书和安全标签。

22. 承运人的职责是什么?

(1)具有危险货物道路运输资质。

（2）使用符合国家有关法规、标准和《危规》要求的专用车辆承运。

（3）从业人员（驾驶人员、押运人员、装卸管理人员）必须具有危险货物道路运输资格，持证上岗。

（4）在确定运输的危险货物后，驾驶人员、装卸人员和押运人员必须了解所运载的危险化学品的性质、危害特性、包装容器的使用特性和发生意外时的应急措施，保证运输安全。

（5）要认真查点货物，看清楚化学品安全技术说明书和化学品安全标签的有关内容，预防托运人的恶意夹带、谎报、匿报，不能明知故犯、非法运输。

需要说明的是，《危规》中提到的"安全防护、环境保护、消防设施设备""强腐蚀性""易燃易爆"，都是由承运人（危险货物道路运输企业）根据承运危险化学品"化学品安全技术说明书""化学品安全标签"确定的，交通运输管理部门没有相关职责。

23. 装卸过程的要求有哪些？

《危规》规定，在危险货物装卸过程中，应当根据危险货物的性质，轻装轻卸，堆码整齐，防止混杂、撒漏、破损，不得与普通货物混合存放。危险货物的装卸作业应当遵守安全作业标准、规程和制度，并在装卸管理人员的现场指挥或者监控下进行。

《危险化学品安全管理条例》规定，运输危险化学品，应当根据危险化学品的危险特性采取相应的安全防护措施，并配备必要的防护用品和应急救援器材。用于运输危险化学品的槽罐以及其他容器应当封口严密，能够防止危险化学品在运输过程中因温度、湿度或者压力的变化发生渗漏、洒漏；槽罐以及其他容器的溢流和泄压装置应当设置准确、起闭灵活。危险化学品的装卸作业应当遵守安全作业标准、规程和制度，并在装卸管理人员的现场指挥或者监控下进行。

《道路运输条例》规定，国家鼓励货运经营者实行封闭式运输，保证环境卫生和货物运输安全。货运经营者应当采取必要措施，防止货物脱落、扬撒等。运输危险货物应当采取必要措施，防止危险货物燃烧、爆炸、辐射、泄漏等。

特别提醒：专用车辆回到停车场时，应是空车，不得载货。如停车场有储存功能，需到有关部门申请危险货物的仓储许可。

24. 专用车辆悬挂标志的要求有哪些？

《危规》规定，专用车辆应当按照国家标准《道路运输危险货物车辆标志》（GB 13392—2005）的要求悬挂标志。

专用车辆标志是专用车辆区别于其他车辆的主要标识，在危险货物运输过程中能够起到重要的警示及救援参照作用，即发生运输安全事故时，抢险救灾部门可根据标志提示，迅速确定危险货物的类别、项别，及时、正确地制订抢险方案，将事故危害降到最低程度。

《道路运输危险货物车辆标志》（GB 13392—2005）是强制性标准，对危险货物道路运输车辆标志的分类、规格尺寸、技术要求、试验方法、检验规则、包装、标志、装卸、运输和储存，以及安装悬挂和维护要求等进行了规定。

25.专用车辆配备应急处理器材和安全防护设备有哪些具体要求？

《危规》规定，专用车辆应当配备符合有关国家标准以及与所载运的危险货物相适应的应急处理器材和安全防护设备。

危险货物道路运输企业应当根据所运危险货物的性质以及"化学品安全技术说明书和化学品安全标签"的要求，配备必需的应急处理器材和安全防护设备，以有效防止意外事故的发生。常见的应急处理器材和安全防护设备主要包括灭火器、塑料布、帆布、铲子、堵漏器材(如竹签、木塞、止漏器等)、警戒带、呼吸器、防护服、防尘面具、防护眼镜和手套等。

举例说明:因液氯有剧毒，动物吸入高浓度气体后可致死，且包装容器受热存在爆炸的危险，故运输过程中应当为驾驶人员和押运人员配备防护用品，如防护眼镜、防静电工作服、防化学品手套、防毒面具以及正压自给式空气呼吸器等，避免因吸入或者皮肤、眼睛接触而中毒或皮肤腐蚀。又因液氯有助燃特性，故在运输过程中还要配备干粉、二氧化碳、水(雾状水)或泡沫等灭火剂，需要携带如竹签、木塞、止漏器等堵漏器材。除此之外，运输液氯还应当按照"化学品安全技术说明书和化学品安全标签"的要求以及托运人提供的应急防护信息配置其他器材和设备。

26.专用车辆维修的要求有哪些？

《危规》规定，运输剧毒化学品、爆炸品专用车辆及罐式专用车辆(含罐式挂车)应当到具备危险货物道路运输车辆维修资质的企业进行维修。牵引车以及其他专用车辆由企业自行消除危险货物的危害后，可到具备一般车辆维修资质的企业进行维修。

该规定根据专用车辆的不同特点，区别对待，不仅方便了车辆维修工作，也降低了车辆维修成本。需要注意的是，企业负责消除车辆上危险货物的危害，是牵引车及其他专用车辆到具备一般车辆维修资质的企业进行维修的必要前提条件。

27.专用车辆运输普通货物的要求有哪些？

(1)不得使用罐式专用车辆或者运输有毒、感染性、腐蚀性危险货物的专用车辆运输普通货物。

(2)其他专用车辆可以从事食品、生活用品、药品、医疗器具以外的普通货物运输，但应当由运输企业对专用车辆进行消除危害处理，确保不对普通货物造成污染、损害。

除了规定的禁止的运输车辆外，允许其他危险货物运输车辆在经过相关的无危害处理后运输普通货物。当然，有些专用车辆卸货后，不存在危险性，如运输液化石油气钢罐(如家庭做饭用的煤气罐）的车辆、运输危险货物的牵引车，卸货后无任何污染与普通货车无区别，完全可以运输普通货物。

运输企业是对专用车辆进行消除危害处理的责任主体，对专用车辆运输普通货物而不造成危害负责。同时，企业应当到县级道路运输管理机构办理普通货物运输许可，不能超经营范围运输；对运输普通货物的专用车辆的《道路运输证》也要增加"普通货物运输"。

（3）不得将危险货物与普通货物混装运输。

28. 罐式专用车辆罐体的要求有哪些？

（1）罐式专用车辆的常压罐体应当符合国家标准《道路运输液体危险货物罐式车辆 第1部分：金属常压罐体技术要求》（GB 18564.1—2006）、《道路运输液体危险货物罐式车辆 第2部分：非金属常压罐体技术要求》（GB 18564.2—2008）等有关技术要求。

上述国标针对危险货物道路运输罐式专用车辆，要求悬挂符合其标准的安全标示牌。

品名		种类	
罐体容积		核载质量	
施救方法			
联系方法			

罐式专用车辆安全标示牌示例

（2）使用压力容器包装运输危险货物的，应当符合国家特种设备安全监督管理部门制定并公布的《移动式压力容器安全技术监察规程》（TSG R0005）等有关技术要求。

（3）压力容器和罐式专用车辆应当在质量检验部门出具的压力容器或者罐体检验合格的有效期内承运危险货物。

29. 罐式专用车辆常压罐体的检测部门是什么？

《危规》规定，危险货物道路运输企业或者单位对重复使用的危险货物包装物、容器，在重复使用前应当进行检查；发现存在安全隐患的，应当维修或者更换。危险货物道路运输企业或者单位应当对检查情况做好记录，记录的保存期限不得少于2年。

由此可知，使用单位是常压罐体重复使用前的检验主体。当然，压力容器罐车的罐体应当在质量检验部门出具的压力容器或者罐体检验合格的有效期内承运危险货物。

30. 环境保护的要求有哪些？

为防止因危险货物脱落、扬撒、丢失以及燃烧、爆炸、泄漏等，造成环境污染，《危规》规定，鼓励使用厢式、罐式和集装箱等专用车辆运输危险货物。如果没有这些专用车辆，也必须采取措施，使用苫布等将危险货物密封、包扎、覆盖避免脱落、扬撒、丢失。具体由承运人负责根据有关法规和标准要求以及危险化学品的危险特性,确定采取何种必要的安全防护措施。

31. 什么是危险货物道路运输豁免?

有些货物的品名虽已列入危险货物品名表,属于危险货物,但在一定条件下,如将其危险性降低到相当的程度或控制在很小的范围内,在运输过程中不会造成人身伤亡和财产损毁,则为方便运输、方便托运,可以作为普通货物运输,称为危险货物运输的免除,也叫危险货物豁免运输。

如危险货物品名表中的潮湿棉花,在海上运输时需装满船舱,在长时间运输过程中,一旦发生自燃,则难以施救,非常危险,故必须按照危险货物运输;而在道路上使用载货汽车(而非厢式货车)运输时,由于运输时间短、运量小,发生自燃的概率极小,即使发生自燃,也不会造成重大损失,故可按照普通货物运输。

我国在加大对危险性极大的危险货物运输管理力度的同时,放宽了对危险性极小的危险货物管理力度。《危规》规定,交通运输部可以根据相关行业协会的申请,经组织专家论证后,统一公布可以按照普通货物实施道路运输管理的危险货物。

> **特别提醒:** 危险货物道路运输豁免仅适用道路货物运输环节,生产、包装、经营、储存、使用及其他方式运输等仍应严格遵守《危险化学品安全管理条例》有关规定执行。

32. 随车携带《道路运输危险货物安全卡》的规定有哪些?

《危规》规定,驾驶人员应当随车携带《道路运输证》。驾驶人员或者押运人员应当按照《汽车运输危险货物规则》(JT 617—2004)的要求,随车携带《道路运输危险货物安全卡》。

《道路运输危险货物安全卡》是记载危险货物危险特性、应急处理措施以及相关管理部门联系电话的卡片。其可提高驾驶人员和押运人员对危险货物特性的了解程度,以及应急处理的能力。随车携带《道路运输危险货物安全卡》是强制性要求,危险货物道路运输企业(单位)必须执行。

■ 知识链接 ◄·

《道路运输危险货物安全卡》分正反两面,正面列示了从业人员应知应懂的一些内容,如主要危险性、储运要求、泄漏处理、灭火方法等,便于从业人员了解所运危险品的主要性质及应急措施,有效避免和防范重特大事故的发生。其中英文名称、联合国编号的设置,是为了更好地与国际市场接轨。反面列示了相关部门的联系电话,如消防部门、医疗部门、环保部门、公安交警、运输单位等,一旦发生运输安全生产事故,从业人员可以立即联系相关部门,从而将事故损失降到最低。

道路运输危险货物安全卡正面样式

表示危险性的图形符号	化学品中文名称 化学品英文名称 （或危险组分名称、含量） 分子式	UN No.
		CN No.
危险性 （主要危险性） 储运要求		泄漏处理 急救 灭火方法
防护措施：		

道路运输危险货物安全卡背面样式

（根据不同情况联系政府部门或其他相关部门的电话号码）

安全监督部门电话号码：

消防部门电话号码：

化学急救电话号码：

医疗急救电话号码：

环保部门电话号码：

公安交警电话号码：

运输单位电话号码：

×××电话号码：

国家化学事故应急咨询电话：0532—83889090

33. 危险货物道路运输企业异地经营备案的规定有哪些？

《危规》规定,危险货物道路运输企业异地经营(运输线路起讫点均不在企业注册地市域内)累计3个月以上的,应当向经营地设区的市级道路运输管理机构备案并接受其监督管理。

《国务院办公厅关于进一步促进道路运输行业健康稳定发展的通知》(国办发〔2011〕63号)规定,异地经营的运输企业有报备义务,并接受当地道路运输管理机构的监督管理。

危险货物道路运输车辆异地经营,是指运输的起讫点均不在车籍所在地的长期运营情况。其长期脱离企业管理和许可部门的监督管理,存在安全隐患。交通运输部、公安部、原国家安全生产监督管理总局联合下发的《关于印发2015年"道路运输平安年"活动方案的通知》(交运发〔2015〕23号)、《关于印发2016年"道路运输平安年"活动方案的通知》(交运发〔2016〕46号),均对异地运输备案提出了具体要求。

知识链接

交通运输部、公安部、原国家安全生产监督管理总局《关于印发2015年"道路运输平安年"活动方案的通知》(交运发〔2015〕23号)要求,完善异地运输备案制度,强化车辆驻地运输管理。各地门要依托重点营运车辆联网联控系统,强化对异地经营危险货物运输车辆的管理。异地经营3个月以上的,注册地道路运输管理部门要及时督促运输企业到经营地道路运输管理机构备案;经营地道路运输机构要对申请备案的运输企业按照许可要求进行安全生产条件复核。经备案的异地运输企业要按照当地运输管理要求纳入日常安全监督管理,严禁危化品运输车辆挂靠经营,严查只收费、不监管的企业。各级公安部门对查处的异地从事危险化学品运输车辆、驾驶人道路交通违法行为,要严格落实道路交通违法转递制度的规定。

交通运输部、公安部、原国家安全生产监督管理总局《关于印发2016年"道路运输平安年"活动方案的通知》(交运发〔2016〕46号)要求,完善市场准入和异地备案制度,从源头上遏制非法营运和监管盲区。各地交通运输部门要按照《危规》设定的企业、单位准入条件进行把关,严格市场准入管理。要建立统一开放、竞争有序的市场秩序,充分满足当地危险货物运输市场需要,对符合法定准入条件的申请者,不得以任何理由拖延或者禁止准入。要按照"谁许可,谁负责"的原则,切实履行安全监督管理责任,对具有合法危险货物道路运输资质、在异地正常从事道路运输的,经营地交通运输部门应当接受备案申请,并纳入当地的安全监督管理;对长期异地经营、又不到经营地交通运输部门备案、也不接受车籍地交通运输部门监管、存在重大安全隐患的,要依法吊销经营资质。

34. 什么是危险货物道路运输企业超范围经营?

危险货物道路运输企业超范围经营是指企业的危险货物道路运输经营活动超越了许可事项,属于未经许可从事经营活动。主要包括:

(1)所运输危险货物的类别、项别超越了所许可的类别、项别。

(2)非经营性危险货物道路运输单位从事危险货物道路运输经营活动。

(3)未取得普通货物运输资质,却运输普通货物。

虽然运输危险货物的专业性和技术性比运输普通货物高,但危险货物道路运输企业若要运输普通货物,不仅要符合运输普通货物的资质,还必须到县级道路运输管理机构办理运输普通货物的资质,在符合条件的车辆的《道路运输证》上增加普通货物运输的经营范围。否则,属超范围经营。

因为不同危险货物的危险性和危害程度存在较大差异,其对车辆、设备、设施的要求也不同,且这些在申请道路运输危险货物许可时都已经过严格的审查,所批准运输的范围和申请人所具备的能力条件是一致的。如果超越批准的经营范围运输,就会造成运输能力与运输的危险货物不一致,是重大的事故隐患,应当严格禁止。超范围经营同时也是对合法取得经营资格的合法运输者的权益侵害。

危险货物道路运输经营权是对申请人的车辆、设备、人员等条件进行严格审查后取得的,是给予符合条件的特定的被许可人的,不允许转让和出租。如果危险货物道路运输企业转让和出租经营权,或允许别人将车辆挂靠本企业,企业法定代表人要承担其名下的所有车辆的运营责任。

35. 什么是挂靠经营?

晋济高速公路山西晋城段岩后隧道"3·1"特别重大道路交通危化品燃爆事故调查报告提到,××市公路运输管理所未认真吸取 2012 年包茂高速陕西延安"8·26"特别重大道路交通事故教训,未能纠正××市汽车运输有限责任公司危险货物车辆挂靠经营的问题……

国务院安委会《关于集中开展"六打六治"打非治违专项行动的通知》(安委〔2014〕6 号)中提到,打击危化品非法运输行为,整治无证经营、充装、运输,非法改装、认证,违法挂靠、外包,违规装载等问题。

2016 年 7 月 8 日,交通运输部办公厅针对湖南省交通运输厅的请示,在复函中明确了,"挂靠经营"是指道路客运车辆的机动车登记证及行驶证的所有(权)人不具备道路客运资质,但以其他具有资质的企业名义从事旅客运输经营活动的行为。该含义同样适用于危险货物道路运输。

36. 严禁超载、超限的规定有哪些?

《道路交通安全法》《道路交通安全法实施条例》《公路法》《道路运输条例》均明确规定严禁超载、超限。《危规》规定,严禁专用车辆违反国家有关规定超载、超限运输。

危险货物道路运输企业或者单位使用罐式专用车辆运输货物时,罐体载货后的总质量应当和专用车辆核定载质量相匹配;使用牵引车运输货物时,挂车载货后的总质量应当与牵引车的准牵引总质量相匹配。如车辆超载、超限,驾驶人员及车辆所属企业均需承担相应的法律责任。如按照国家有关规定办理超限手续,获批准后进行超限(大件)运输,则不属于违法超限运输。许可部门对罐车许可时要严格把关,做到"一车一罐一品(一品是指一类品种性质相同的液体危险货物)",杜绝罐车"本质超载"。

37. 禁止运输、限制运输的规定有哪些?

(1)危险货物道路运输企业或者单位不得运输法律、行政法规禁止运输的货物。

(2)对于法律、行政法规规定的限运、凭证运输货物,危险货物道路运输企业或者单位应当按照有关规定办理相关运输手续。

(3)法律、行政法规规定托运人必须办理有关手续后方可运输的危险货物,危险货物道路运输企业应当查验有关手续齐全有效后方可承运。

知识链接

禁止运输货物是指国家法律、行政法规明令禁止运输的货物。根据现行法律、行政法规的规定,禁止运输的货物包括毒品、假劣药品以及伪造、变造、非法印刷的人民币等。

限制运输货物是指根据国家法律、行政法规的规定,必须在向有关部门办理准运手续后方可运输的货物。限制运输货物的凭证运输手续由托运人办理。根据我国有关法律、行政法规的规定,必须办理有关手续后方可运输的货物包括枪支、烟草、麻醉药品、剧毒化学品、木材、野生动物等。

道路货物运输经营者在受理托运货物时,只要是属于禁止运输的货物,坚决不得承运,并要向有关部门举报;属于限制运输的货物,必须审查相应的准运手续,手续齐全,可以受理;手续不齐的,应当向托运人说明情况,要求出具相应手续,或者要求托运人在重新办理手续后受理。

熟悉和掌握禁止运输的货物和限制运输的货物,是承运人的重要义务。如因不了解情况,运输了禁止运输的货物或者在未审查托运人的手续的情况下,运输了限制运输的货物,都要承担相应的法律责任。如承运人单纯为了经济利益,擅自运输限制运输的货物,将承担相应的法律责任。

托运人不得拥有禁止运输的货物,更不得向道路运输经营者托运相关货物。托运人在托运限制运输货物时,必须先向有关部门申请准运手续。

38. 禁止一次性、临时性危险货物运输的规定有哪些?

《危规》规定,道路运输管理机构不得许可一次性、临时性的危险货物道路运输。为提高危险货物道路运输的安全性,要求具有危险货物道路运输资质的企业进行专业化运输,禁止一次性、临时性危险货物运输。

39. 重复使用包装物和容器的检查、维修的规定有哪些?

危险货物道路运输企业或者单位对重复使用的危险货物包装物、容器,在重复使用前应当进行检查;发现存在安全隐患的,应当维修或者更换。危险货物道路运输企业或者单位应当对检查情况做好记录,记录的保存期限不得少于 2 年。

罐车的罐体应属于上述的"容器",故危险货物道路运输企业或者单位对罐车常压罐体负有检验职责。

40. 驾驶人员停车管理的规定有哪些?

(1)在危险货物道路运输途中,不得随意停车。

■ **知识链接** ◄●──

由于危险货物道路运输的危险特性，如果随意停车，存在很大的安全隐患。随意停车行为包括：

（1）不遵守法律法规关于驾驶人员的停车行为的规定，如占道停车的行为；

（2）停车时没有将危险货物运输车辆与其他车辆进行有效隔离，没有采取相应的安全防范措施；

（3）停车期间车辆脱离押运人员监督管理；

（4）对于运输特殊危险货物，例如运输危险性较高的剧毒化学品或者易制爆危险化学品，停车时间较长却没有向公安管理部门进行报告。

（2）因住宿或者发生影响正常运输的情况需要较长时间停车的，驾驶人员、押运人员应当设置警戒带，并采取相应的安全防范措施。

■ **知识链接** ◄●──

需要较长时间停车的情形包括：

（1）为了避免疲劳驾驶，保障驾驶人员的休息时间需要较长时间停车；

（2）车辆发生故障需要长时间停车修理；

（3）其他客观原因，如灾害性天气、拥堵等。

停车时间长短，不能用具体的时间一概而论，而需要以运输的距离和一般所需要的运输时间等因素作为参照。

（3）运输剧毒化学品或者易制爆危险化学品需要较长时间停车的，驾驶人员或者押运人员应当向当地公安机关报告。

易制爆危险化学品是指可用于制造爆炸物品的危险化学品，包括强氧化剂、可/易燃物、强还原剂、部分有机物。具体以列入《易制爆危险化学品名录》（2017 年版）的为准。

41. 危险货物运输有特殊要求的规定有哪些？

《危规》规定，危险货物道路运输企业或者单位应当要求驾驶人员和押运人员在运输危险货物时，严格遵守有关部门关于危险货物运输线路、时间、速度方面的有关规定，并遵守有关部门关于运输剧毒化学品、爆炸危险品道路运输车辆在重大节假日通行高速公路的相关规定。

具体地，针对剧毒化学品、爆炸危险品、易制爆化学品、放射性物品等，我国法规中有明确的运输线路、时间、速度等特殊要求。

同时，随着国务院《重大节假日免收小型客车通行费实施方案》（国发〔2012〕37 号）的实施，重大节假日时高速公路交通量大幅增加，而考虑到剧毒化学品、爆炸危险品的运输存在较大的移动危险性，一旦发生运输事故，伤亡后果巨大，故部分省市相关部门对重大节假日运输剧毒化学品、爆炸危险品等的专用车辆，给出了通行高速公路的特殊规定。危险货物道路运输企业应严格遵守。

42. 危险货物运输事故的应对措施和报告规定有哪些？

(1)在危险货物运输过程中发生燃烧、爆炸、污染、中毒或者被盗、丢失、流散、泄漏等事故,驾驶人员、押运人员应当立即在现场根据应急预案和《道路运输危险货物安全卡》的要求采取应急处置措施,并向事故发生地公安部门、交通运输主管部门和本运输企业或者单位报告。报告主要内容包括:时间、具体地点(如路段或××号公路××km处)、危险货物品名和数量、事故情况简单描述等。

(2)在现场采取一切可能的警示措施,例如放置警告牌、设置警戒线、广播报警等,以免更多的无关人员遭受伤害,把事故损失减至最小。积极配合有关部门进行处置。运输企业要立即启动应急预案。

(3)运输企业或者单位接到事故报告后,应当按照本单位危险货物应急预案组织救援,并向事故发生地安全生产监督管理部门和环境保护、卫生主管部门报告。

危险货物道路运输管理机构应当公布事故报告电话。确保驾驶人员、押运人员以及运输企业或单位可以及时与运输管理部门取得联系,加快应急救援工作的开展。

43. 什么是承运人责任险？

承运人责任险是指危险货物运输经营者根据有关法律、行政法规和规章,对被保险危险货物运输专用车辆在运输和装卸危险货物过程中,发生危险货物燃烧、爆炸、泄漏等事故造成货物损失、驾驶人员或押运人员伤亡、第三者伤亡或财产损失、环境污染损失而需支付的合理、必要费用的赔偿责任,依法由保险公司在保险责任限额内给予赔偿的保险。这是国家为了保护道路运输受害人能够得到及时救助或赔偿而采取的一项强制保险制度。

危险货物道路运输企业或单位作为投保人,为危险货物运输专用车辆投保承运人责任险是其法定责任。保险标的是被保险危险货物运输专用车辆在运输和装卸危险货物过程中发生危险货物燃烧、爆炸、泄漏等事故造成货物损失、驾驶人员或押运人员伤亡、第三者伤亡或财产损失、环境污染损失而需支付的合理、必要费用的赔偿责任。受益人是危险货物的货主、从业人员、第三方主体。

非经营性危险货物运输单位也必须要为危险货物投保承运人责任险。

各省对承运人责任险的设置,贯彻了分类管理理念,且根据省内危险货物运输行业发展程度,以及剧毒、爆炸品和其他危险货物的危险性和车辆的核定吨位分别制定相应的保险金额限额,因此,危险货物道路运输企业或单位应当执行注册地所在省份的相关规定。

44. 从业人员、承运人以及托运人的法律责任有哪些？

《危规》规定,有下列情形之一的,由县级以上道路运输管理机构责令改正,并处5万元以上10万元以下的罚款,拒不改正的,责令停产停业整顿;构成犯罪的,依法追究刑事责任:

①危险货物道路运输企业或者单位有驾驶人员、装卸管理人员、押运人员未取得从业资格上岗作业的；②托运人不向承运人说明所托运的危险化学品的种类、数量、危险特性以及发生危险情况的应急处置措施，或者未按照国家有关规定对所托运的危险化学品妥善包装并在外包装上设置相应标志的；③未根据危险化学品的危险特性采取相应的安全防护措施，或者未配备必要的防护用品和应急救援器材的；④运输危险化学品需要添加抑制剂或者稳定剂，托运人未添加或者未将有关情况告知承运人的。

《危险化学品安全管理条例》规定，有下列情形之一的，由交通运输主管部门责令改正，处5万元以上10万元以下的罚款；拒不改正的，责令停产停业整顿；构成犯罪的，依法追究刑事责任：①危险化学品道路运输企业、水路运输企业的驾驶人员、船员、装卸管理人员、押运人员、申报人员、集装箱装箱现场检查员未取得从业资格上岗作业的；②运输危险化学品，未根据危险化学品的危险特性采取相应的安全防护措施，或者未配备必要的防护用品和应急救援器材的；③托运人不向承运人说明所托运的危险化学品的种类、数量、危险特性以及发生危险情况的应急处置措施，或者未按照国家有关规定对所托运的危险化学品妥善包装并在外包装上设置相应标志的；④运输危险化学品需要添加抑制剂或者稳定剂，托运人未添加或者未将有关情况告知承运人的。

妥善包装在运输过程中是非常关键的环节。因包装不善引发的事故时有发生，且由于外包装未按规定设置相应的标志，救援人员无法在最短时间内确认危险货物的特性和危害性以及应采取的应急措施，从而增加了应急救援时间。

45. 未配备专职安全管理人员的法律责任有哪些？

《危规》规定，危险货物道路运输企业或者单位未配备专职安全管理人员的，由县级以上道路运输管理机构责令改正，可以处1万元以下的罚款；拒不改正的，对危险化学品运输企业或单位处1万元以上5万元以下的罚款，对运输危险化学品以外其他危险货物的企业或单位处1万元以上2万元以下的罚款。

《危险化学品安全管理条例》规定，危险化学品道路运输企业、水路运输企业未配备专职安全管理人员的，由交通运输主管部门责令改正，可以处1万元以下的罚款；拒不改正的，处1万元以上5万元以下的罚款。

《行政处罚法》规定，国务院部、委员会制定的规章可以在法律、行政法规规定的给予行政处罚的行为、种类和幅度的范围内做出具体规定。尚未制定法律、行政法规的，前款规定的国务院部、委员会制定的规章对违反行政管理秩序的行为，可以设定警告或者一定数量罚款的行政处罚。罚款的限额由国务院规定。国务院可以授权具有行政处罚权的直属机构依照本条第一款、第二款的规定，规定行政处罚。

国务院颁布的《关于贯彻实施〈中华人民共和国行政处罚法〉的通知》，对部门规章的行政处罚限额设置的规定是：对非经营活动中的违法行为设定罚款不得超过1000元，对经营活动中的违法行为，有违法所得，设定罚款不超过违法所得3倍，但最高不超过

30000 元,没有违法所得的,设定罚款不得超过 10000 元,超过上述限额,应当报国务院批准。

46. 擅自改装专用车辆的法律责任有哪些?

《危规》规定,危险货物道路运输企业擅自改装已取得《道路运输证》的专用车辆及罐式专用车辆罐体的,由县级以上道路运输管理机构责令改正,并处 5000 元以上 2 万元以下的罚款。

《道路运输条例》规定,客运经营者、货运经营者擅自改装已取得车辆营运证的车辆的,由县级以上道路运输管理机构责令改正,处 5000 元以上 2 万元以下的罚款。

《道路运输证》所记载的车辆技术状况应当与专用车辆的实际情况相一致。而未经有关部门批准,擅自改装,造成"车证不符",且由于擅自改装,造成车辆事故隐患,引发交通事故的,必须严加制止。

47. 未依法取得危险货物道路运输许可等行为的法律责任有哪些?

《危规》规定,有下列情形之一的,由县级以上道路运输管理机构责令停止运输经营,有违法所得的,没收违法所得,处违法所得 2 倍以上 10 倍以下的罚款;没有违法所得或者违法所得不足 2 万元的,处 3 万元以上 10 万元以下的罚款;构成犯罪的,依法追究刑事责任:

(1)未取得道路危险货物运输经营许可,擅自从事道路危险货物运输的;

(2)使用失效、伪造、变造、被注销等无效道路危险货物经营运输许可证件从事道路危险货物运输的;

(3)超越许可事项,从事道路危险货物运输的;

(4)非经营性道路危险货物运输单位从事道路危险货物运输经营的。

48. 非法转让、出租危险货物道路运输经营许可证件的法律责任有哪些?

《危规》规定,危险货物道路运输企业或者单位非法转让、出租道路危险货物运输许可证件的,由县级以上道路运输管理机构责令停止违法行为,收缴有关证件,处 2000 元以上 1 万元以下的罚款;有违法所得的,没收违法所得。

在道路运输证件非法转让关系中,这些经营者处于转让方的地位,是合法证件用于非法活动的提供者,对于非法经营活动的发生负有重要责任。对于非法转让关系的受让方,即那些通过非法转让获得道路运输经营许可证件的违法经营者,由于它们本身并不具备相关经营资格,从本质上讲是未取得道路运输及相关业务经营许可而擅自从事经营的违法行为,应按《道路运输条例》第六十四、六十六条的规定处罚。不适用本条的处罚。

49. 不按规定投保承运人责任险的法律责任有哪些?

《危规》规定,危险货物道路运输企业或者单位有下列行为之一,由县级以上道路运输管理机构责令限期投保;拒不投保的,由原许可机关吊销《道路运输经营许可证》或者《道路危险货物运输许可证》,或者吊销相应的经营范围:

(1)未投保危险货物承运人责任险的;

(2)投保的危险货物承运人责任险已过期,未继续投保的。

由于"承运人责任险"是强制性保险,不仅必须投保,而且还要按时续保。关于"吊销《道路运输经营许可证》或者《道路危险货物运输许可证》,或者吊销相应的经营范围"是根据投保情况而言的。如某企业不仅从事普通货物运输,也从事危险货物运输。当该企业"承运人责任险"是相对企业所有专用车辆而上的保险时,如有上述行为,应该吊销《道路运输经营许可证》中"危险货物运输"的经营范围;当该企业的"承运人责任险"是相对企业每一辆专用车辆而上的保险时,如某一辆车有上述行为,应该吊销《道路运输证》中"危险货物运输"的经营范围。又如企业仅从事危险货物道路运输,如有上述行为,应该吊销《道路运输经营许可证》或《道路运输证》。

50. 不按规定维护和检测专用车辆的法律责任有哪些?

《危规》规定,危险货物道路运输企业或者单位未按规定维护或者检测专用车辆的,由县级以上道路运输管理机构责令改正,并处 1000 元以上 5000 元以下的罚款。

51. 不按规定携带《道路运输证》的法律责任有哪些?

《危规》规定,危险货物道路运输企业或者单位不按照规定随车携带《道路运输证》的,由县级以上道路运输管理机构责令改正,处警告或者 20 元以上 200 元以下的罚款。

《道路运输条例》规定,客运经营者、货运经营者不按照规定携带车辆营运证的,由县级以上道路运输管理机构责令改正,处警告或者 20 元以上 200 元以下的罚款。

52.《生产安全事故报告和调查处理条例》(国务院令第 493 号)的主要作用是什么? 涉及哪些内容?

该条例有利于规范生产安全事故的报告和调查处理,落实生产安全事故责任追究制度,防止和减少生产安全事故。

该条例适用于生产经营活动中发生的造成人身伤亡或者直接经济损失的生产安全事故的报告和调查处理。

该条例明确了事故报告、事故调查、事故处理、法律责任等要求。

53.《汽车运输危险货物规则》(JT 617—2004)的主要作用是什么? 涉及哪些内容?

该标准是保证汽车运输危险货物安全的基本要求,为我国危险货物道路运输管理的强制性行业技术标准,主要应用者是从事危险货物道路运输的管理人员及从业人员;为从事危险货物道路运输的管理人员(企业管理、危险货物受理、安全管理人员、运输调度等管理人员)提出了基本要求,是交通运输管理部门对危险货物道路运输经营活动进行管理、监督、仲裁的依据。同时危险货物道路运输从业人员也要学习、参考该规则,指导运输作业。

该标准规定了汽车运输危险货物的托运、承运、车辆和设备、运输、从业人员、劳动防护等基本要求,适用于汽车运输危险货物的安全管理。其主要分为适用范围、规范性引用文件、术语和定义、分类和分项、包装标志和标签、托运、承运、车辆和设备、运输、从业人员、劳动保护、事故应急处理等内容。其附录具有很强的实用性,有危险货物运单基本内容、危险货物鉴定表、道路运输危险货物安全卡(样式)、危险货物配装表等。

■ 知识链接 ‹‹•

2018年8月29日,交通运输部发布了《交通运输部关于发布〈危险货物道路运输规则〉等34项交通运输行业标准和废止〈围油栏〉等8项交通运输行业标准的公告》(交通运输部公告第68号)。公告发布的《危险货物道路运输规则》(JT/T 617.1~7—2018)七个推荐性行业标准,于2018年12月1日起实施。

《危险货物道路运输规则》(JT/T 617)分为以下七个部分:

——第1部分:通则;

——第2部分:分类;

——第3部分:品名及运输要求索引;

——第4部分:运输包装使用要求;

——第5部分:托运要求;

——第6部分:装卸条件及作业要求;

——第7部分:运输条件及作业要求。

上述标准由交通运输部运输服务司提出,由全国道路运输标准化技术委员会(SAC/TC 521)归口,涉及危险货物分类、品名、包装、托运、装卸、运输等多个环节的内容。

54.《汽车运输、装卸危险货物作业规程》(JT 618—2004)的主要作用是什么?涉及哪些内容?

该标准是《危规》《汽车运输危险货物规则》的配套文件,也是我国危险货物道路运输管理的强制性行业技术标准,主要应用者是从事危险货物道路运输的从业人员及管理人员。主要目的是使危险货物道路运输从业人员,按照标准进行规范运输、装卸作业操作,从而从源头保证安全,避免或减少事故的发生。

该标准借鉴了国内外先进的运输、装卸危险货物的作业流程,以联合国《关于危险货物运输的建议书》《国际海运危险货物运输规则》《水路危险货物运输规则》《铁路危险货物运输规则》《医疗物管理条例》等相关部门的法规为指导,通过收集大量的资料,对我国道路运输、装卸危险货物作业的现状以及面临的主要问题进行了系统、科学的分析,使新标准从内容结构上更具科学性、更易操作。

该标准规定了进行汽车运输、装卸危险货物应当具备的基本条件、要求以及运输、装卸作业时应当遵守的安全作业要求,如作业前的准备,包括车辆应达到的适运条件、人员要具备相应资格、配备必要的防护用品和应急设备等;各类危险货物在不同包装方式条件下,运输、装卸危险货物的安全作业要求。

55.《道路运输危险货物车辆标志》(GB 13392—2005)的主要作用是什么? 涉及哪些内容?

该标准规定了道路运输危险货物车辆标志的分类、规格尺寸、技术要求、试验方法、检验规则、包装、标志、装卸、运输和储存,以及安装悬挂和维护要求,适用于道路运输危险货物车辆标志的生产、使用和管理。

1)标志质量要求

标志不仅要求形状符合国家标准,更要求质量符合国家标准,如标志牌要反光、标志灯要夜光。

2)标志尺寸、安装要求

根据车辆的吨位(轻、中、重型载货汽车),标志灯、牌有三种不同型号(尺寸),且专用罐车可在罐体上喷涂标志牌。

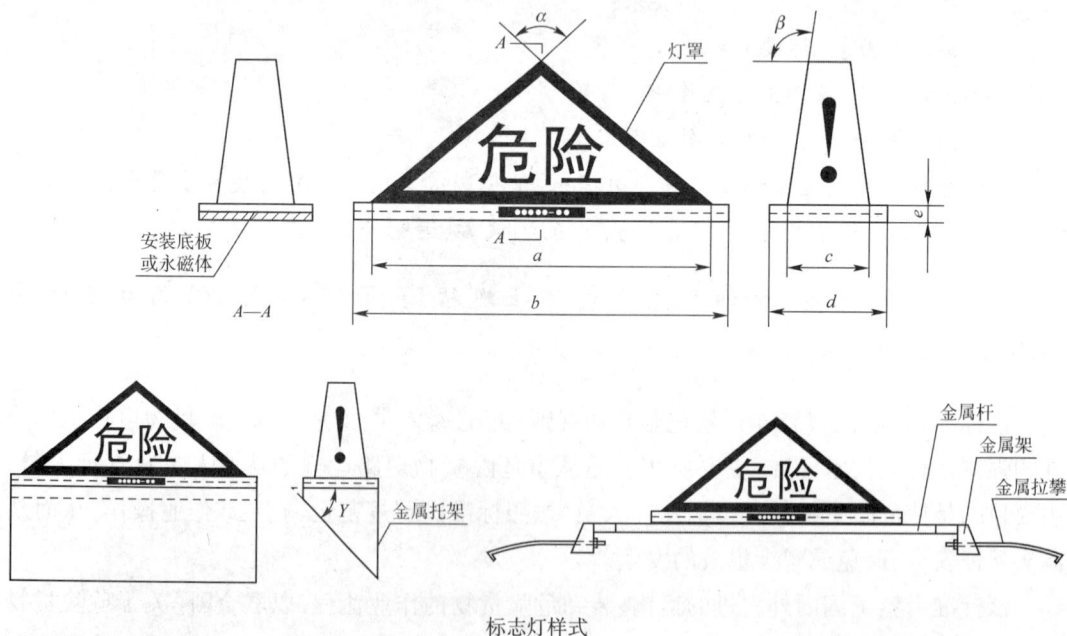

标志灯样式

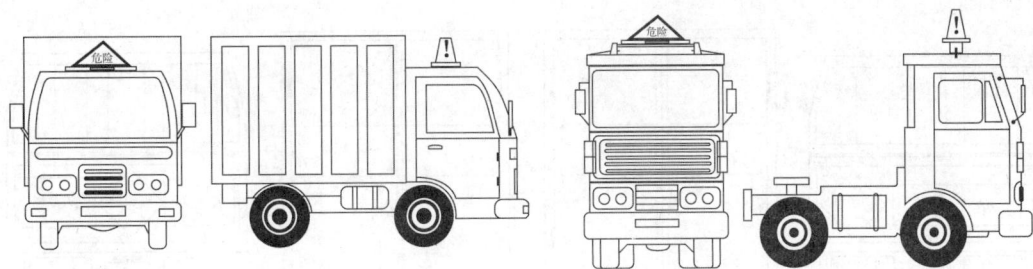

标志灯安装的位置要求

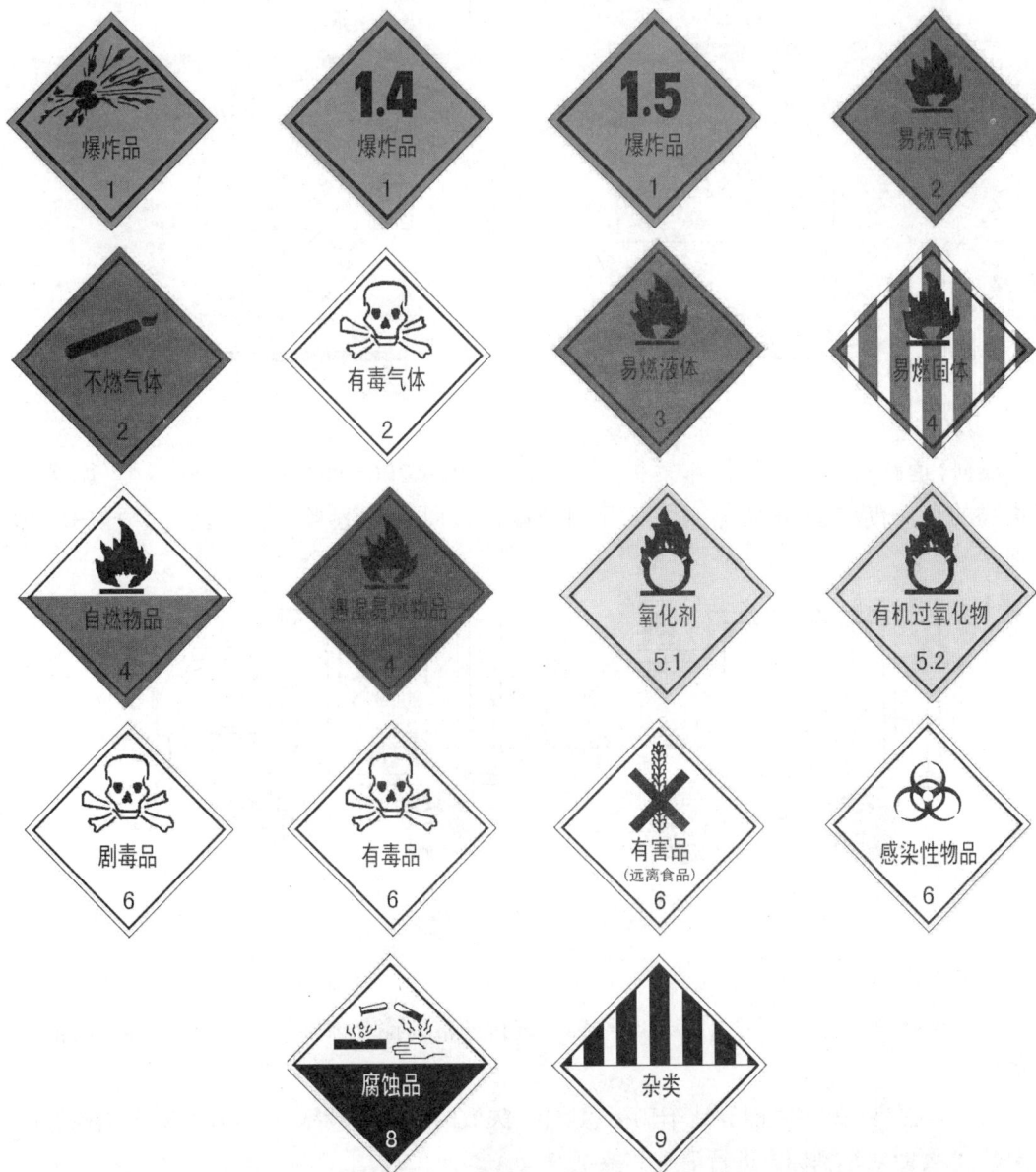

标志牌样式

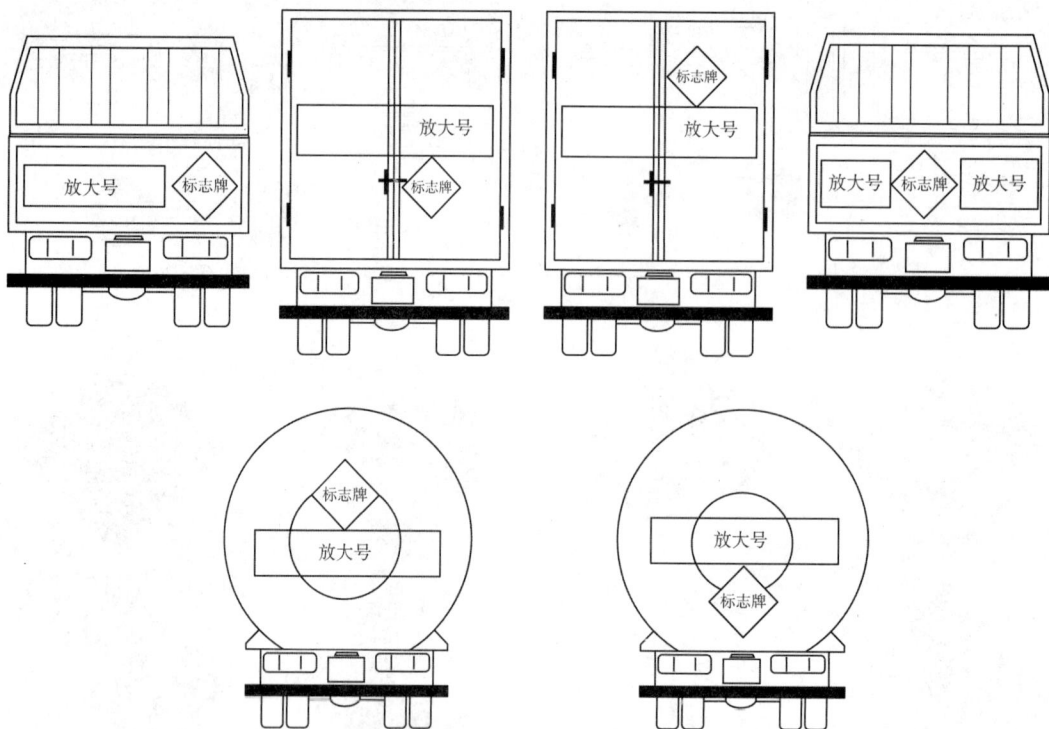

标志牌安装的位置要求

根据《道路运输危险货物车辆标志》（GB 13392—2005）的规定，运输爆炸、剧毒危险货物的车辆，应在车辆两侧面厢板几何中心部位附近的适当位置各增加悬挂一块标志牌。

运输爆炸、剧毒危险货物的车辆标志

3）标志的维护

（1）车辆驾驶人员应对使用中的车辆标志进行经常性检查和维护，保持车辆标志的清洁和完好。

（2）车辆在装、卸载可能导致车辆标念腐蚀、失效的化学危险品后，应及时对车辆标志进行检查，必要时对车辆标志进行清洗和擦拭。

（3）标志灯正常使用期限为 2 年，标志牌正常使用期限为 4 年。在使用期限内车辆标志发生破损、失效时,应及时更换。

56.《道路运输爆炸品和剧毒化学品车辆安全技术条件》(GB 20300—2006)的主要内容是什么?

该标准规定了道路运输爆炸品和剧毒化学品的术语和定义、要求、标志和随车文件,适用于在道路上运输爆炸品和剧毒化学品的汽车和挂车。

该标准的技术要求主要是针对爆炸品和剧毒化学品道路运输车辆的设计和制造的,但作为车辆的使用者也应该对车辆的要求有所了解。

57.《道路运输液体危险货物罐式车辆 第1部分:金属常压罐体技术要求》(GB 18564.1—2006)、《道路运输液体危险货物罐式车辆 第2部分:非金属常压罐体技术要求》(GB 18564.2—2008)的主要内容是什么?

两个标准规定了道路运输液体危险货物罐式车辆的设计、制造、试验方法、出厂检验、涂装与标识以及定期检验项目的技术要求。

需要注意的是,标准中道路运输液体危险货物罐式车辆的设计、制造、试验方法、出厂检验、涂装等要求,不涉及危险货物道路运输企业;危险货物道路运输企业是罐车的使用者(车辆也称在用车),不能改变原设计和制造。但是作为用户,对罐车的基本性能还是应该有所了解。

58.《气瓶直立道路运输技术要求》(GB /T 30685—2014)的主要内容是什么?

该标准为推荐性标准,规定了气瓶直立道路运输的一般要求、运输装载方式及要求、运输车辆、装卸作业、固定要求、运输等技术要求,适用于单只气瓶水容积小于150L,用于盛装气体的散装气瓶、集束装置(卧式设计的集束装置除外)和集装篮等。

随着社会不断发展,自动化机械作业逐步代替低效能、高成本的人力操作发展趋势,机械化装卸货物是运输行业发展的方向。气瓶直立运输,一是可提高机械化水平,二是比原来气瓶水平放置更为安全。

气瓶直立运输,还要注意气瓶的载货分布情况,正确的载荷分布情况见下图。

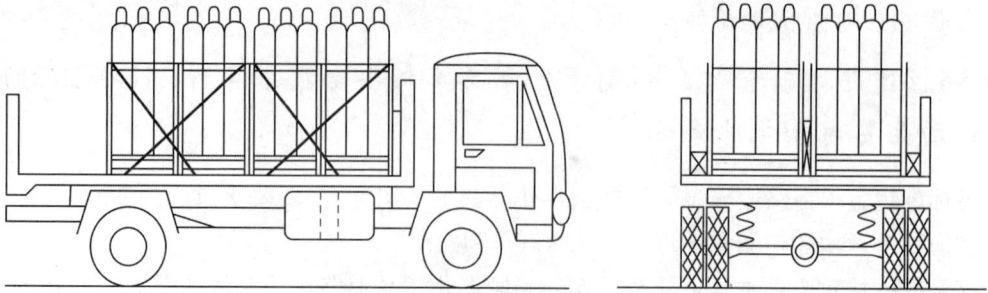

载荷适量

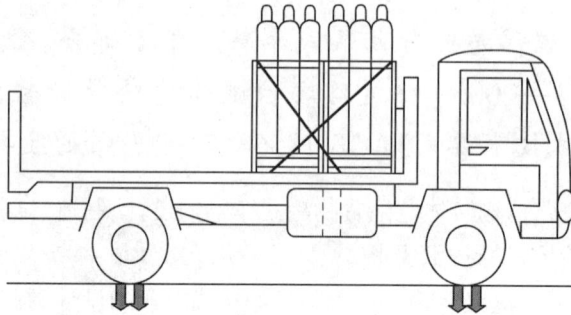

载荷分布均匀

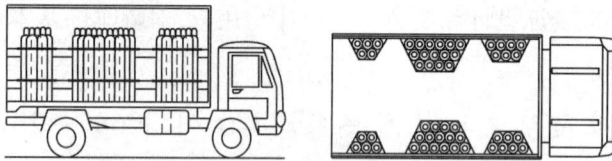

载荷分布对称

第5单元　疑难解答

本单元主要是对危险货物道路运输安全管理和安全生产过程中常见问题的解答。作者在解答中均从法律法规的要求及危险货物道路运输生产实际出发,读者如有疑问,可与作者作进一步交流探讨。所有解答均代表作者个人理解,仅供参考。

1.杀虫气雾剂是危险货物吗?

问:严老师,您好!请问灭蚊子用的杀虫气雾剂是危险货物吗?

答:杀虫气雾剂是危险货物。

杀虫气雾剂,是指将有效成分、溶剂、助剂密封充装在气雾包装容器内,借助抛射剂的压力把内容物通过阀门和促动器按预定形态喷出,用于杀灭害虫的一种制品。

危险货物品名表中,杀虫气雾剂涉及以下危险货物,具体编号应由生产企业确定。

UN1950 气雾剂;类别:2

UN1955 压缩气体,毒性,未另列明的;项别:2.3

UN1967 气体杀虫剂,毒性,未另列明的;项别:2.3

UN1968 气体杀虫剂,未另列明的;项别:2.2

UN3354 气体杀虫剂,易燃,未另列明的;项别:2.1

UN3355 气体杀虫剂,毒性,易燃,未另列明的;项别:2.3

杀虫气雾剂在运输过程中,受高温、震动、碰撞、挤压等,极易使罐内液体气化,一旦压力超过罐体承压能力就会产生爆炸、燃烧。另外,杀虫气雾剂接近火源或喷量过大、浓度过高都可能发生爆炸,故在运输时要避免受太阳直射,避免接近火源和电源。

知识链接

杀虫气雾剂的罐体上的有关说明内容有:

(1)微毒;(2)净含量:××mL;(3)极易燃气溶胶;(4)本品属于压力容器,内含易燃物,切勿受太阳直射,切勿接近火源和电源。

✿ **案例链接** ◆▷

某日,一辆东风货车装载约8t(限载6t)罐装气雾杀虫剂和蚊香,运输过程中与前方客车发生追尾事故,并将客车撞到路边的小池塘里,扣在客车上。结果"杀虫气雾剂"燃烧、爆炸,导致客车内20多人死亡,受伤数十人。货车报废,驾驶人员重伤。

在货物道路运输的业务中,个别协会和托运单位认为"杀虫气雾剂"不属于危险货物。但由于"家庭用的卫生杀蚊剂"具有毒性,且易燃,其包装容器承压0.5~1.0MPa。尤其在碰撞、高温状况下,还会爆炸、燃烧,根据危险货物的定义,其具有危险货物特性,应属于第2类危险货物。

2. 白酒是危险货物吗?

问:严老师,您好!我是某市运输管理机构的工作人员,白酒运输属于危险货物运输,但是按体积含乙醇低于24%的不算作危险货物,请问我单位在具体执法过程中该如何鉴定?

答:首先,危险货物品名表中明确指出,乙醇饮料,按体积含乙醇不低于24%的为危险货物,但其包装低于5L的可豁免按照普通货物运输。

其次,货物是否属于危险货物是由托运方确定的,如托运方、承运方或运输管理机构,对运输货物的性质有异议,应按照"谁提出、谁举证"的原则,由提出方送检。故如你单位对运输货物的性质有异议,须由你单位安排送检鉴定。

3. 碳化钙是危险货物吗?

问:严老师,您好!请问碳化钙(电石)运输车辆的要求有哪些?

答:碳化钙(俗称电石),UN 1402,是危险货物。由于碳化钙遇水会立即发生激烈反应,生成乙炔,并放出热量,且乙炔遇火燃烧。故需要根据碳化钙的包装来选择车型。如是铁桶包装(Ⅰ类包装),可以用普通货车运输;如是袋装,要用厢式货车运输。而且,运输途中碳化钙要做好防湿防潮,不能被雨淋湿。

乙炔燃烧事故图

4. 熔融硫磺、铁水、沥青、重油是危险货物吗?

问:严老师,您好!请问熔融硫磺、铁水、沥青、重油是危险货物吗?

答:熔融,是指温度升高时,分子的热运动能增大,导致结晶破坏,物质由晶相变为液相的过程。常温下固体物质(纯净物),在达到熔点的温度下变成液态物质,具有液体的某些物理性质,叫该物质的熔融状态。如单质铝在熔点温度660.37℃时变成液态铝,固体氯化钠在800.7℃时变成液态氯化钠。熔融状态只对纯净物而言,混合物因组成物质的熔点不同,不存在熔融状态,如玻璃。

熔融硫磺(UN 2448)、铁水、沥青(UN 1999),均属于危险货物,且为高温液体,运输时要选择专业运输车辆,防止其喷溅、泄漏。

注:改性沥青要根据其产品的《化学品安全技术说明书》《化学品安全标签》确定。

根据国家法规要求,货物是否属于危险货物,应由托运人依据货物性质和危险货物品名表确定。重油未列入危险货物品名表,因此应由托运人提交与重油完全一致的化学品安全技术说明书、化学品安全标签和危险货物鉴定表。

5. 废机油以及直接沾染废机油的废弃机油桶是危险废物吗?

问:严老师,您好! 请问废机油以及直接沾染废机油的废弃机油桶属于危险废物吗?

答:《固体废物污染环境防治法》规定,危险废物以列入《国家危险废物名录》的为准。经查《国家危险废物名录》,废机油属于危险废物,含有或直接沾染废机油的废弃机油桶也属于危险废物。

废 物 类 别	行业来源	废物代码	危 险 废 物	危险特性
HW08 废矿物油与含矿物油废物	非特定行业	900-214-08	车辆、机械维修和拆解过程中产生的废发动机油、制动器油、自动变速器油、齿轮油等废润滑油	T,I
HW08 废矿物油与含矿物油废物	非特定行业	900-249-08	其他生产、销售、使用过程中产生的废矿物油及含矿物油废物	T,I
HW49 其他废物	非特定行业	900-041-49	含有或沾染毒性、感染性危险废物的废弃包装物、容器、过滤吸附介质	T,In

危险特性:腐蚀性(Corrosivity,C)、毒性(Toxicity,T)、易燃性(Ignitability,I)、反应性(Reactivity,R)和感染性(Infectivity,In)。

知识链接

《关于机动车维修企业产生的废弃机油桶是否属于危险废物以及相关法律适用问题的复函》
(环函〔2011〕87 号)

天津市人民政府法制办公室:

你办《关于对相关危险废物的环境保护管理如何具体适用法律和部门规章的请示》(津

政法制〔2011〕3号)收悉。经研究,函复如下:

一、机动车维修企业产生的废机油(包括未使用完毕残留附着在机油桶中的废机油),属于《国家危险废物名录》(环境保护部令第1号)所列"900-249-08 其他生产、销售、使用过程中产生的废矿物油"。

二、机动车维修企业使用过但仍含有或直接沾染废机油的废弃机油桶属于《国家危险废物名录》(环境保护部令第1号)所列"900-041-49 含有或直接沾染危险废物的废弃包装物、容器、清洗杂物"。

三、机动车维修企业将含有或直接沾染废机油的废弃机油桶与非危险废物毗邻并列存放,属于《中华人民共和国固体废物污染环境防治法》第五十八条第三款规定的"将危险废物混入非危险废物中储存"的情形。

环境保护部

2011年4月7日

6. 城镇燃气道路运输属于危险货物道路运输吗?

问:严老师,您好! 请问城镇燃气道路运输属于危险货物道路运输吗?

答:属于。

《城镇燃气管理条例》(国务院令第583号)规定:

(1)燃气是指作为燃料使用并符合一定要求的气体燃料,包括天然气(含煤层气)、液化石油气和人工煤气等。

(2)通过道路运输燃气的,应当遵守法律、行政法规有关危险货物运输安全的规定以及国务院交通运输部门有关规定;应当分别依照有关道路运输的法律、行政法规规定,取得危险货物道路运输许可。

因此,城镇燃气道路运输应纳入危险货物道路运输管理,需取得危险货物道路运输资质。

虽然《危险化学品安全管理条例》第九十七条第三款规定,法律、行政法规对燃气的安全管理另有规定的,依照其规定。但依据"专项法规优于通用法规"和《城镇燃气管理条例》的有关规定,可将城镇燃气看作第2类或2.1项危险货物进行许可并按照《危规》的相关要求进行管理。而使用液化天然气(LNG)罐车和集装罐、压缩天然气(CNG)集装束运输天然气的压力容器罐车,应直接按罐车所运输货物的品名进行许可。

煤气罐图示

7. 蜜蜂运输属于危险货物运输吗?

问:严老师,您好! 我地发生一起运输蜜蜂蛰伤人致死事件,请问蜜蜂运输是否属于危险货物运输?

答:不属于。《危规》规定,危险货物以列入国家标准《危险货物品名表》(GB 12268—

2012)的为准。而"蜜蜂"未列入《危险货物品名表》,故"蜜蜂"不属于危险货物,蜜蜂运输不属于危险货物运输。但运输管理机构可针对"运输蜜蜂蜇伤人致死事件"予以研究,制定有关防范措施。

8."符合国家有关标准的罐式集装箱、集装箱运输专用车辆除外"应如何理解?

问:严老师,您好!请问《危规》第八条第(一)款中第8、9目中的"但符合国家有关标准的罐式集装箱除外""但符合国家有关标准的集装箱运输专用车辆除外"如何理解?

答:这两条规定是从保证集装箱多式联运、国际运输的安全和效率两方面考虑的。

首先,符合国家有关标准,是指集装箱的充装介质以及核定装载质量要执行与国际接轨的有关国家标准,但不对其容积作特殊要求。

其次,集装箱在多式联运、国际运输过程中,为避免中途拆箱带来的危险性增加和运输效率降低等问题,一般是整箱运输,中途不拆箱。这也要求集装箱核定载质量需与国际标准接轨,不宜严格按照国内运输标准要求执行。

由于罐式集装箱是装载液体危险货物的容器(危险化学品的包装物),故在"符合国家有关标准"的同时,罐体生产企业还要有相应的"工业产品生产许可证"以及有检验部门的"罐体检验合格证"方可出厂销售。

知识链接

《危险化学品安全管理条例》第十七条规定,危险化学品的包装应当符合法律、行政法规、规章的规定以及国家标准、行业标准的要求。

危险化学品包装物、容器的材质以及危险化学品包装的型式、规格、方法和单件质量(重量),应当与所包装的危险化学品的性质和用途相适应。

第十八条规定,生产列入国家实行生产许可证制度的工业产品目录的危险化学品包装物、容器的企业,应当依照《中华人民共和国工业产品生产许可证管理条例》的规定,取得工业产品生产许可证;其生产的危险化学品包装物、容器经国务院质量监督检验检疫部门认定的检验机构检验合格,方可出厂销售。

9.危险货物道路运输企业必须自有5辆以上专用车辆的规定如何落实?

问1:严老师,您好!我是某市运输管理机构的工作人员,现我辖区内有一家申请从事危险货物道路运输经营的企业,已领取《道路运输经营许可证》,承诺期限是半年,且计划先购置专用车辆4辆,承诺期限内购齐6辆。请问,该企业必须购齐5辆专用车辆才可以开展经营活动吗?

答1:《危规》第八条第(一)款对企业专用车辆的要求,可以理解为在承诺期限内自有5辆以上(包括未到货的)即可。但如过了承诺期限,企业仍未自有5辆,许可部门应吊销其危险货物道路运输资质并收回其有关危险货物道路运输证件。

"购车承诺书"的承诺期限一般为半年,最长不得超过一年。

问2:严老师,您好!我是某危险货物道路运输企业主要负责人。我公司2013年依法申请取得危险货物道路运输许可资质,当时有专用车辆5辆,在经营2年后由于生产经营需要,计划更换其中2辆,并以公司红头函件形式请示当地主管运输管理处,在取得许可后转卖、过户被替换下来的2辆车并购置新车2辆。但在被替换车已完成过户而新车未采购回的一个月过渡期内,被主管运输管理处告知暂缓办理危险货物道路运输车辆入户手续。在之后超过一年的时间内,新购置的2辆专用车辆未能办理入户手续,且主管运输管理处以我公司现状不足5辆专用车辆,不符合行政许可为由,要求吊销我公司的危险货物道路运输资质。请问上述行为该如何看待?

答2:更换车辆是企业行为,不涉及运输管理部门。依据《道路运输条例》第二十四条规定,企业增车后由运输管理部门配发车辆营运证,不是许可。为确保新购车辆与经营范围匹配,一般在购车前,企业应与许可单位沟通并签《购车承诺书》。关于危险货物道路运输企业必须自有5辆以上专用车辆的要求,在购车承诺期限内,待购车辆应算企业车辆数;但超过购车承诺期限的,就不再算企业车辆数。

10.“禁止使用移动罐体”运输危险货物的规定如何落实?

问:严老师,您好!请问“禁止使用移动罐体”运输危险货物的规定如何落实?

答:《危规》第二十四条第三款规定,禁止使用移动罐体(罐式集装箱除外)从事危险货物运输。注意此处禁止使用的是“移动罐体”,而非“移动罐车”。针对此类违反《危规》而无处罚条款的,均可由原许可机关限期整改;逾期不整改的,应吊销《道路运输经营许可证》或《道路运输证》。

11.《道路运输经营许可证》“一户一证”的规定如何落实?

问:严老师,您好!请问经营范围同时包括普通货物运输和危险货物运输的,如何遵循《道路运输经营许可证》的“一户一证”原则?

答:《道路运输管理工作规范》第十四章要求,《道路运输经营许可证》按照“一户一证”的原则核发。道路运输经营许可事项涉及多级道路运输管理机构许可,遵循原则为“谁许可、谁核发”,且最高一级道路运输管理机构核发《道路运输经营许可证》时,应将下一级道路运输管理机构许可的经营范围一并填入。申请扩大经营范围,且需要到上级道路运输管理机构申请经营许可的,应向上级道路运输管理机构提出申请。上级道路运输管理机构对符合法定条件的申请作出许可决定后,换发新的《道路运输经营许可证》,并将原证与新证复印件,一并返还原核发机构,存入道路运输经营业户管理档案。因此,取得普通货物运输经营许可后,再次申请危险货物运输经营许可的,按照上述程序换发《道路运输经营许可证》即可,即满足了《道路运输经营许可证》的“一户一证”原则。同时,按照国家法律、法规等要求和“分级许可、属地管理”的原则,对新证许可的经营范围由作出相应许可决定的道路运输管理机构履行施监督管理职责。

12. 国家对道路运输单位专职安全管理人员的要求有哪些？

问： 严老师，您好！请问国家对道路运输单位专职安全管理人员的要求有哪些？

答： 我国《安全生产法》《放射性物品运输安全管理条例》《放射性物品道路运输管理规定》《危险化学品安全管理条例》《危规》等对此均有相关要求。

1) 法律法规要求

(1)《安全生产法》的要求。

实际工作中，生产经营单位安全生产管理机构以及安全生产管理人员的定位不清晰，责任不明确，承担的工作内容比较模糊。为了从法律上明确界定生产经营单位安全生产管理机构以及安全生产管理人员的职责，提高其工作地位和权威性，增强其责任心，促使其更好地履行职责，同时使生产经营单位其他有关部门、管理层以及主要负责人意识到安全生产管理机构和安全生产管理人员的职责所在，支持、配合他们的工作，《安全生产法》给出了具体要求。

《安全生产法》第二十一条规定，矿山、金属冶炼、建筑施工、道路运输单位和危险物品的生产、经营、储存单位，应当设置安全生产管理机构或配备专职安全生产管理人员。

第二十二条规定，生产经营单位的安全生产管理机构以及安全生产管理人员履行下列职责：

①组织或参与拟订本单位安全生产规章制度、操作规程和生产安全事故应急救援预案；

②组织或参与本单位安全生产教育和培训，如实记录安全生产教育和培训情况；

③督促落实本单位重大危险源的安全管理措施；

④组织或参与本单位应急救援演练；

⑤检查本单位的安全生产状况，及时排查生产安全事故隐患，提出改进安全生产管理的建议；

⑥制止和纠正违章指挥、强令冒险作业、违反操作规程的行为；

⑦督促落实本单位安全生产整改措施。

第二十三条规定，生产经营单位的安全生产管理机构以及安全生产管理人员应当恪尽职守，依法履行职责。生产经营单位作出涉及安全生产的经营决策，应当听取安全生产管理机构以及安全生产管理人员的意见。生产经营单位不得因安全生产管理人员依法履行职责而降低其工资、福利等待遇或解除与其订立的劳动合同。危险物品的生产、储存单位以及矿山、金属冶炼单位的安全生产管理人员的任免，应当告知主管的负有安全生产监督管理职责的部门。

第二十四条规定，生产经营单位的主要负责人和安全生产管理人员必须具备与本单位所从事的生产经营活动相应的安全生产知识和管理能力。

```
安全生产管理机构安        应当        恪尽职守，依法履行职责
全生产管理人员        ────────▶
```

```
              作出涉及安全的经营    听取    安全生产管理机构和安
              决策        ────────▶    全生产管理人员的意见
生产
经营
单位
              安全管理人员依法    不得    降低工资、福利等待遇
              履行职责        ────────▶    或者解除劳动合同
```

```
危险物品的生产、储存单        告知        主管的负有安全生产监督
位矿山、金属冶炼单位安    ────────▶    管理职责的部门
全生产管理人员的任免
```

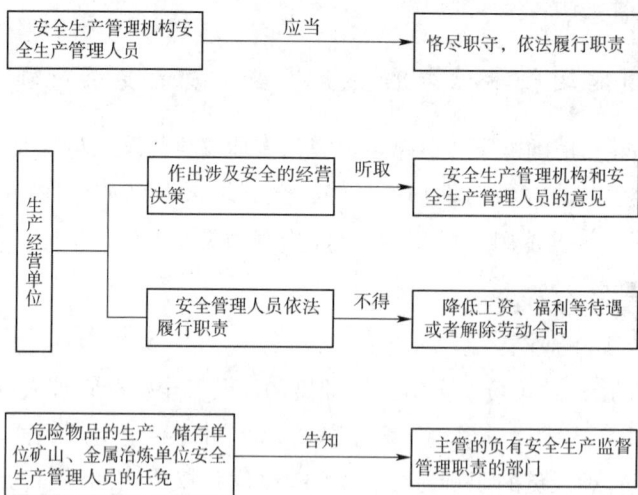

危险物品的生产、经营、储存单位以及矿山、金属冶炼、建筑施工、道路运输单位的主要负责人和安全生产管理人员，应当由主管的负有安全生产监督管理职责的部门对其安全生产知识和管理能力考核合格。考核不得收费。

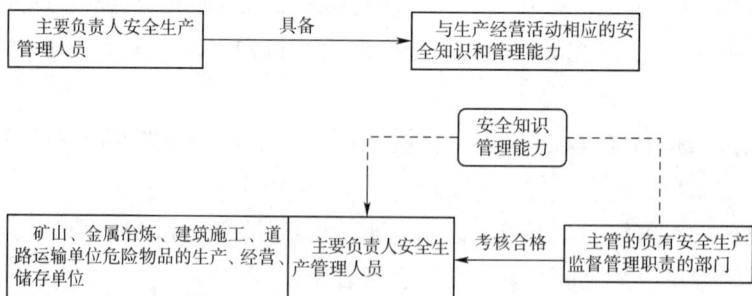

```
主要负责人安全生产        具备        与生产经营活动相应的安
管理人员        ────────▶    全知识和管理能力
```

```
                          安全知识
                          管理能力

矿山、金属冶炼、建筑施工、道    主要负责人安全生    考核合格    主管的负有安全生产
路运输单位危险物品的生产、经营、    产管理人员    ◀────────    监督管理职责的部门
储存单位
```

第四十三条规定，生产经营单位的安全生产管理人员应当根据本单位的生产经营特点，对安全生产状况进行经常性检查；对检查中发现的安全问题，应当立即处理；不能处理的，应当及时报告本单位有关负责人，有关负责人应当及时处理。检查及处理情况应当如实记录在案。

生产经营单位的安全生产管理人员在检查中发现重大事故隐患，依照前款规定向本单位有关负责人报告，有关负责人不及时处理的，安全生产管理人员可以向主管的负有安全生产监督管理职责的部门报告，接到报告的部门应当依法及时处理。

第九十三条规定，生产经营单位的安全生产管理人员未履行本法规定的安全生产管理职责的，责令限期改正；导致生产安全事故的，暂停或撤销其与安全生产有关的资格；构成犯罪的，依照刑法有关规定追究刑事责任。

（2）放射性物品的有关要求。

《放射性物品运输安全管理条例》（国务院令第 562 号）第四十条第二款规定，申请放射

性物品非营业性道路危险货物运输资质的单位,应当有具备辐射防护与安全防护知识的专业技术人员。

《放射性物品道路运输管理规定》(交通运输部令 2010 年第 6 号)对申请从事放射性物品道路运输经营的,要求配备"具备辐射防护与相关安全知识的安全管理人员"。

(3)危险货物的有关要求。

《危险化学品安全管理条例》第四十三条规定,危险化学品道路运输企业应当配备专职安全管理人员。危险化学品道路运输企业未配备专职安全管理人员的,由交通运输主管部门责令改正,可以处 1 万元以下的罚款;拒不改正的,处 1 万元以上 5 万元以下的罚款。

《危规》对申请从事道路危险货物运输经营的,要求配备专职安全管理人员。危险货物道路运输企业或单位未配备专职安全管理人员的,县级以上道路运输管理机构责令改正,可以处 1 万元以下的罚款;拒不改正的,危险化学品运输企业或单位处 1 万元以上 5 万元以下的罚款,运输危险化学品以外其他危险货物的企业或单位处 1 万元以上 2 万元以下的罚款。

2) 交通运输部有关要求

(1)《交通运输部安委会关于贯彻落实〈安全生产法〉的通知》(交安委〔2015〕2 号)。

交通运输部安委会于 2015 年 3 月 10 日下发了《关于贯彻落实〈安全生产法〉的通知》(交安委〔2015〕2 号),要求依法开展企业主要负责人和安全管理人员考核。危险品港区储存、公路水运工程建设以及道路运输等重点领域生产经营单位的主要负责人和安全管理人员要依法经主管的负有安全生产监督管理职责的部门考核合格。各级交通运输部门要加快制定或完善相应的人员考核制度,明确考核主体、考核程序及考核内容,并依法开展考核工作。

(2)交通运输部颁布有关考核管理办法及考核大纲。

2016 年 4 月,交通运输部颁布了《关于印发公路水运工程施工企业主要负责人和安全生产管理人员考核管理办法的通知》(交安监发〔2016〕65 号)、《公路工程施工企业主要负责人和安全生产管理人员考核大纲》《水运工程施工企业主要负责人和安全生产管理人员考核大纲》(交办安监函〔2016〕604 号)。

《危险货物道路运输企业专职安全管理人员培训教材》

本书是危险货物道路运输培训丛书之一,全书共分为两篇,包括危险货物道路运输基础知识篇和安全管理篇。基础知识篇主要介绍了危险货物与危险化学品的基本概念和分类、运输包装常识、托运与承运及安全管理知识。安全管理篇介绍了从业人员管理、车辆管理、风险管理与隐患排查、应急预案及演练等方面内容。

本书为危险货物道路运输企业专职安全管理人员培训教材,也可作为危险货物道路运输企业主要负责人的学习资料,同时还可作为各级危险货物道路运输管理人员依法行政,科学、规范执法的实用手册。

13. 专用车辆和从业人员分别需要取得哪些证件？

问：严老师，您好！请问专用车辆和从业人员分别需要取得哪些证件？

答：专用车辆应随车携带《机动车行驶证》《道路运输证》。其中：

(1)《机动车行驶证》中"车辆类型"应是"货车"；

(2) 在《道路运输证》的经营范围内运输；

(3) 压力容器罐车，还应有《特种设备使用登记证》；

(4) 运输剧毒化学品的，还应随车携带《剧毒化学品公路运输通行证》。

从业人员所需证件如下：

(1) 驾驶人员应取得《机动车驾驶证》《从业资格证》，《从业资格证》中"从业资格类别"应加注"道路危险货物运输驾驶人员"。

(2) 押运人员应取得《从业资格证》，《从业资格证》中"从业资格类别"应加注"道路危险货物运输押运人员"。

(3) 装卸管理人员应取得《从业资格证》，《从业资格证》中"从业资格类别"应加注"道路危险货物运输装卸管理人员"。

运输爆炸品、剧毒化学品的还应通过考试，在《从业资格证》上加注"爆炸品运输、剧毒化学品运输"。

14. 装卸人员需要办理上岗证件吗？

问：严老师，您好！请问装卸人员需要办理上岗证件吗？

答：《道路运输条例》规定，从事危险货物道路运输的驾驶人员、押运人员、装卸管理人员需持证上岗，而未规定危险货物道路运输装卸人员持证上岗。同时，《安全生产法》等规定，危险货物道路运输企业应对装卸人员在内的所有危险货物道路运输从业人员进行安全生产培训。

15. 专用车辆空车行驶时需要配备押运人员吗？

问：严老师，您好！《危规》规定，在危险货物道路运输过程中，应配备押运人员，押运人员应对运输全过程进行监督管理。请问专用车辆空车行驶时需要配备押运人员吗？

答：《危规》规定，危险货物道路运输是指使用载货汽车通过道路运输危险货物的作业全过程。《危险化学品安全管理条例》规定，通过公路运输危险化学品，必须配备押运人员，并随时处于押运人员的监督管理之下……因此，如是专用车辆空车行驶，即普通货车、集装箱运输车辆等没有装载危险货物，则不需要配备押运人员。

但是，如果普通货车、集装箱运输车辆等装有充装过危险货物的空的罐体、气瓶等其他容器，则需要按照危险货物道路运输的要求，配备押运人员。

知识链接

《汽车运输、装卸危险货物作业规程》(JT 618—2004)规定,盛装过危险货物的空容器,未经消除危险处理、有残留物的,仍按原装危险货物办理托运。

16. 从业人员从业资格证的异地使用要求有哪些?

问:严老师,您好!我市在危险货物道路运输企业专项检查中,发现部分企业聘用持外地危险货物道路运输从业资格证的驾驶人员。请问,《道路运输从业人员管理规定》(交通运输部令 2016 年第 52 号)第二十五条规定,道路运输从业人员从业资格证件全国通用。但《危规》第八条第三款第二项规定,从事危险货物道路运输的驾驶人员、装卸管理人员、押运人员应当经所在地设区的市级人民政府交通运输主管部门考试合格,并取得相应的从业资格证。上文中的"通用""所在地"如何理解?

答:《道路运输从业人员管理规定》第二十五条规定中的"通用",是指持证人可以在全国范围内使用从业资格证(从业)。如《机动车驾驶证》可在全国通用。

《危规》第八条第三款第二项规定中的"所在地",是指从业人员参加考试的地点,即"其户籍所在地或居住地"。

因此,上述两个概念并不矛盾。如持有户籍所在地或居住地设区的市级人民政府交通运输主管部门核发的《从业资格证》,即可应聘全国各省市的道路运输工作。

17. 危险货物道路运输企业由谁审批和监管?

问:严老师,您好!请问危险货物道路运输企业由谁审批和监管?

答:设区的市级运输管理机构具有危险货物道路运输企业审批权,由其为企业颁发《道路运输经营许可证》,为专用车辆配发《道路运输证》。

《道路运输条例》规定,国务院交通运输主管部门主管全国道路运输管理工作。县级以上地方人民政府交通运输主管部门负责组织领导本行政区域的道路运输管理工作。县级以上道路运输管理机构负责具体实施道路运输管理工作。按照"谁审批,谁负责"的原则,设区的市级运输管理机构对已审批的企业要进行定期、不定期的监督管理。按照"属地管理、分级负责"的原则,县级以上地方人民政府交通运输主管部门、县级以上道路运输管理机构等,都负有后续监督管理责任。

18.《道路运输经营许可证》《道路运输证》的"经营范围"应如何标注?

问:严老师,您好!请问在《道路运输经营许可证》《道路运输证》的"经营范围"处,如何标注可承运危险货物的类别和项别?

答:《危规》规定,设区的市级道路运输管理机构决定准予许可的,应当向被许可人出具《道路危险货物运输行政许可决定书》,注明许可事项,具体内容应当包括运输危险货物的范围(类别、项别或品名,如果为剧毒化学品应当标注"剧毒"),专用车辆数量、要求以及运输性质,并在 10 日内向危险货物道路运输经营申请人发放《道路运输经营许可证》,向非经营性危险货物道路运输申请人发放《道路危险货物运输许可证》。

原许可机关应当对被许可人落实的专用车辆、设备予以核实,对符合许可条件的专用车辆配发《道路运输证》,并在《道路运输证》"经营范围"处注明允许运输的危险货物类别、项别或者品名,如果为剧毒化学品应标注"剧毒";对从事非经营性危险货物道路运输的车辆,还应当加盖"非经营性危险货物运输专用章"。

《道路运输经营许可证》《道路危险货物运输许可证》《道路运输证》的"经营范围"填写方法一样,可以填写:

(1)按类别许可时,如没有许可剧毒化学品运输,要标注"剧毒化学品除外"。如许可剧毒化学品运输,应在品名后以括号形式标注"剧毒",如"液氯(剧毒)"。可许可"医疗废物、危险废物"。

(2)按项别许可。

(3)按品名许可时(主要是针对罐车而言,在罐车罐体容积一定的情况下,确定许可装载的液体危险货物,可保证罐体装载后,罐车不超载),填写危险货物的具体品名。

从事剧毒化学品运输的,除了注明相应的类别、项别或品名以外,还应标注"剧毒";从事危险废物、医疗废物运输的,要注明"危险废物""医疗废物"。在申请某一项别危险货物运输的,不同时填注类别;申请某一品名时,不同时填注项别或类别。如填写了"第 1.1 项",就不再填写"第 1 类";填写了"打火机 UN 1057,CN 21020",就不再填写"第 2.1 项"或"第 2 类"。

罐车要按照其《车辆生产企业及产品公告》或《危险化学品运输汽车罐体委托检验报告》(罐体检验合格证)允许的充装介质进行充装,这也是运输管理机构填写《道路运输证》"经营范围"的依据。

《危规》对企业申请的经营范围没有限制规定,也没有数量要求,但为专用车辆配发的《道路运输证》的经营范围不能超过为企业许可的经营范围,同时还要考虑专用车辆的适装性,如压力容器只能充装一种介质。

如对某企业许可"危险货物运输"或"某类、某项、某品种的危险货物运输",即可运输许可类别或项别的所有危险货物,也可只运输一种危险货物,且没有绝对数量要求。又如对于运输汽油、甲醇、乙醇的企业而言,《道路运输经营许可证》的"经营范围"处可以是"危险货物第 3 类";而对于专用车辆(常压罐车)而言,《道路运输证》的"经营范围"处只能照抄《罐车产品公告》允许的充装介质标注(汽油、甲醇、乙醇专用车辆《道路运输证》的"经营范围"处不允许标注危险货物第 3 类)。

19. 牵引车与半挂车《道路运输证》的"经营范围"应如何标注?

问:严老师,您好!根据规定,半挂车应根据主牵引车和挂车的牌号,分别配发《道路运输证》。请问主牵引车可以牵引各种挂车吗?其《道路运输证》的"经营范围"应如何标注?

　　答：首先，牵引车可以根据所属企业《道路运输经营许可证》的经营范围填写《道路运输证》，但其《道路运输证》的经营范围不能超出《道路运输经营许可证》的经营范围。

　　其次，如挂车与牵引车同属一个企业，则挂车的经营范围不能超过牵引车的经营范围；如挂车与牵引车不属于同一个企业，则要求牵引车的经营范围应覆盖挂车的经营范围，即两者经营范围要匹配。牵引车承担运输过程的一切法律责任。

20. 通用车辆《道路运输证》的"经营范围"可以多列几项吗？

　　问：严老师，您好！请问仓栅式或栏板式危险货物运输车辆的《道路运输证》的"经营范围"处可否填写"某类某项"？

　　答：首先，问题中提到的"仓栅式或栏板式危险货物运输车辆"，应是"仓栅式货车、普通货车"。一般情况下，"仓栅式货车、普通货车"的《机动车行驶证》上"使用性质"处填写的是"货运"。运输管理机构根据企业的经营范围和申请要求，为车辆配发的《道路运输证》中，"经营范围"处可填写"普货运输""危货运输"或"普货运输＋危货运输"。

　　其次，"仓栅式货车、普通货车"作为通用车辆，在完成运输任务卸货后，在不污染后续装载货物的情况下，可以运输其他货物。故在对"仓栅式货车、普通货车"配发《道路运输证》时，在不污染货物或不影响其他货物运输时，"经营范围"处可多列几项。但需注意，车辆《道路运输证》的经营范围不得超过企业的经营范围，且在运输不同类别危险货物的同时，要遵守《危规》和有关标准的要求。

▪ 知识链接 ◂▸

　　《危规》第三十三条规定，不得使用罐式专用车辆或运输有毒、感染性、腐蚀性危险货物的专用车辆运输普通货物。

　　其他专用车辆可以从事食品、生活用品、药品、医疗器具以外的普通货物运输，但应当由运输企业对专用车辆进行消除危害处理，确保不对普通货物造成污染、损害。

　　不得将危险货物与普通货物混装运输。

　　《汽车运输危险货物规则》(JT 617—2004)9.2 装运不同性质危险货物，其配装应按"危险货物配装表"规定的要求执行，"危险货物配装表"见附录 C(略)。

　　《道路运输证》的"经营范围"处，可按"类"填写，如道路危险货物运输(第 3 类、第 9 类)，也可按"项"填写，如道路危险货物运输(第 2.1 项、第 2.2 项)。

21. 非经营性危险货物道路运输应如何管理？

　　问：严老师，您好！请问非经营性危险货物道路运输应如何管理？

　　答：交通部门对危险货物道路运输的管理职责不分营业性和非经营性，均实行"三关一监督"的管理。

22. 非经营性和经营性危险货物道路运输许可如何区别？

问：严老师，您好！请问非经营性和经营性危险货物道路运输许可如何区别？

答：首先，非经营性和经营性危险货物道路运输的许可证件是不同的，分别是《道路危险货物运输许可证》《道路运输经营许可证》；其次，非经营性危险货物道路运输车辆的《道路运输证》上加盖"非经营性道路危险货物运输"专用章。上述证件格式参见《关于启用新版道路运输证件的通知》（交公路发〔2005〕524号）。

23. 加油站能否被许可非经营性危险货物道路运输？

问：严老师，您好！请问生产、使用、储存危险品的企业如何确定？加油站能否被许可非经营性危货运输？

答：生产、使用、储存危险品的企业应具有省级安全生产监督部门的有关许可证明的。加油站不属上述企业，不能被许可非经营性危险货物道路运输。

24. 非经营性危险货物道路运输单位可以使用小型客车承运吗？

问：严老师，您好！请问非经营性危险货物道路运输单位可以使用小型客车承运吗？

答：《道路交通安全法》规定，禁止客车载货和禁止货车载客。因此，在任何情况下，不允许载客车辆载货。只有车辆的《机动车行驶证》的"车辆类型"处，标注"货车"，且取得危险货物道路运输资质的《道路运输证》，方可运输危险货物。

25. 可以给三轮汽车办理危险货物道路运输许可吗？

问：严老师，您好！请问可以为三轮汽车办理危险货物道路运输许可吗？

答：《危规》规定，运输危险货物的专用车辆，其技术要求应当符合《道路运输车辆技术管理规定》的有关规定。三轮汽车不符合上述规定，因此不可为其办理危险货物道路运输许可。

26. 可以给具有加油设备的罐车配发《道路运输证》吗？

问：严老师，您好！请问可以给具有加油设备的罐车配发《道路运输证》吗？

答：运输管理机构的职责是许可运输——许可危险货物道路运输，为运输车辆配发《道路运输证》。有加油设备的汽、柴油罐车，具有销售（经营）危险化学品行为。根据《危险化学品安全管理条例》，首先是国家对危险化学品经营实行许可制度，未经许可，任何单位和个人不得经营危险化学品；其次是经营危险化学品的，应持有安全生产监督管理部门颁发的《危险化学品经营许可证》，故运输管理机构不能给具有加油设备的汽、柴油罐车配发《道路运输证》。

如申请单位强烈要求运输管理机构"给具有加油设备的汽、柴油罐车配发《道路运输证》",那么需要申请单位出具本单位的《危险化学品经营许可证》以及申请车辆的"危险化学品经营许可"证明。

27. 什么是整车超载？

问：严老师，您好！请问整车超载指的是什么？

答：整车超载是指载货汽车实际载质量超过核定载质量。

《道路交通安全法实施条例》第一百零六条规定，公路客运载客汽车超过核定乘员、载货汽车超过核定载质量的，公安机关交通管理部门依法扣留机动车后，驾驶人应当将超载的乘车人转运、将超载的货物卸载，费用由超载机动车的驾驶人或所有人承担。

核定载质量以车辆《机动车行驶证》上标注的"核定载质量"为准。

28. 什么是整备质量超载？

问：严老师，您好！请问整备质量超载指的是什么？

答：整备质量超载是指车辆《机动车行驶证》上标注的"整备质量"与实车不符的情况，也称本质超载，主要是因为车辆实际重量超过车辆整备质量，严重的会超过1t。

整备质量以车辆《机动车行驶证》上标注的"整备质量"或车辆产品公告为准。

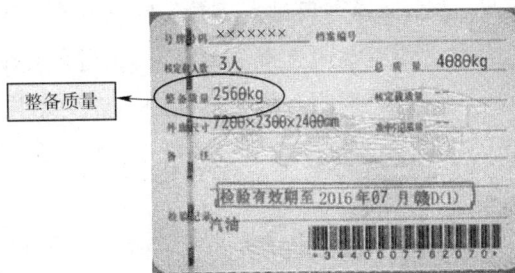

汽车整备质量，也就是空车重量、自重，是指汽车按出厂技术条件装备完整（如备胎、工具等安装齐备），各种油水添满后的重量。该指标与汽车的设计水平、制造水平以及工业化水平密切相关。同等车型条件下，设计方法优化，生产水平优越，工业化水平高，则整备质量就会下降。对于货车，汽车总重量＝整备质量＋驾驶人员及其他随车人员重量＋行李重量＋货物重量。

29. 什么是牵引车和挂车超载？

问：严老师，您好！请问牵引车和挂车超载指的是什么？

答：牵引车和挂车超载是指牵引挂车的载质量超过载货汽车本身的载质量。

《道路交通安全法实施条例》第五十五条规定，载货汽车所牵引挂车的载质量不得超过载货汽车本身的载质量。即挂车载货后的总质量应当与牵引车的准牵引质量相匹配。

晋济高速公路山西晋城段岩后隧道"3·1"特别重大道路交通危化品燃爆事故中，事故车辆牵引车准牵引总质量(37.6t)小于罐式半挂车的整备质量与运输甲醇质量之和(38.34t)，存在超载行为，超载0.74t，影响车辆制动。

30. 什么是"小车大罐""本质超载"？

问：严老师，您好！请问"小车大罐""本质超载"指的是什么？

答："小车大罐"特指常压罐车，是指运输液体危险货物的常压罐车，其罐体装满(在考虑充装系数的前提下)后的载质量大于车辆核定载质量，这也是人们常说的"本质超载"。因"小车大罐""本质超载"，超载运输液体危险货物，造成的事故较多且后果严重，应杜绝此类现象。

需要注意的是，"罐体不装满，就不超载了"的认识是错误的。由于液体危险货物罐车运输的特殊性，如果罐体不装满，液体在运输途中因惯性及摩擦等因素，存在严重的事故隐患。因此，要打击"小车大罐"，就必须整治"本质超载"，要从罐车设计、制造的源头把关，生产符合国家有关标准的合格车辆。

知识链接

我国对罐体的检验问题，主要有以下发展、认识过程：

(1)1993年以来，《危规》要求交通部门对常压罐体实施质量检验。

(2)自2001年全国危险货物道路运输专项整治以来，交通部对罐车，不仅要求其技术状况要达到一级，而且要求在罐体检测、检验合格的有效期内颁发允许运输危险货物的《道路运输证》。2002年3月15日，《危险化学品安全管理条例》实施后，交通部门取消了对常压罐体的检验工作。

(3)因罐体充装质量(核定载质量)与罐车核定载质量不匹配的"小车大罐"问题，引发了多起重大危险货物道路运输事故。2004年1月18日，交通部下发了《关于吉林省吉化集团公司公路运输公司道路危险货物运输车辆发生重大交通事故的通报》(交公路发〔2004〕21号)。其中第四条第二款要求，各省级交通主管部门要组织部署对本辖区内危险货物道路运输企业(单位)的专用罐体危险货物运输车辆再进行一次清查，对于车辆载质量与罐体容积载质量不符的，要会同公安交警部门进行限期整改，拒不整改的或整改后车、罐载质量仍不相符的，应取消危险货物道路运输车辆资格。

(4)2004年6月3日,国家质量监督检验检疫总局、铁道部、公安部、交通部、原国家安全生产监督管理总局等国务院5部委联合下发了《关于开展危险化学品罐车专项检查整治工作的通知》(国质检特联安全〔2004〕249号)。其中第五条第一款第二项要求,各级质量技术监督部门要认真履行罐车安全监督职责。根据当前实际工作中出现的问题,在检验中须增加对罐体容积的测量(采取水容积法),重新核定载质量,并在检验报告中得出明确结论。对罐体核定载质量超过车辆载质量的罐车,一律按检测不合格处理。

🔬 案例链接

(1)2005年3月29日,京沪高速公路淮安段"3·29"交通事故导致液氯泄漏特大事故,共造成29人死亡、456名村民和抢救人员因氯气中毒而住院治疗,门诊留观人员1867人、1万多村民被迫疏散转移,大量家畜(家禽)、农作物死亡和损失,造成直接经济损失1700多万。这次事故的直接原因之一是"罐车所载液氯严重超载"。该车核定载重为15t,实际运载液氯40.44t,超载169.6%。车辆超载的实质原因是"小车大罐"。

(2)2003年11月13日,吉林省某集团公司公路运输公司运输液体剧毒车辆,在运输途中发生侧翻,造成严重的环境污染事故,也是因为"小车大罐"造成的。该企业为了单纯追求利润,将核定载质量12t的车辆,装载了43m³的罐体,事故发生时所运剧毒相对密度0.8,罐体满载可装约35t。

31. 为什么常压罐车运输时要装满?

问:严老师,您好!请问常压罐车运输时要装满的原因是什么?

答:常压罐车运输液体时,如未装满(仅装2/3以下),车辆行驶时,罐内液体的摇动会导致车辆重心不稳;制动时,罐内液体由于惯性的作用会产生向前的冲击力,影响罐车制动性能;转弯时,罐内液体的晃动将影响罐车的稳定性,容易产生侧翻。起步、制动困难等问题以及罐内液体摩擦加剧、气压增加,存在严重的事故隐患。因此,常压罐车运输时要装满。

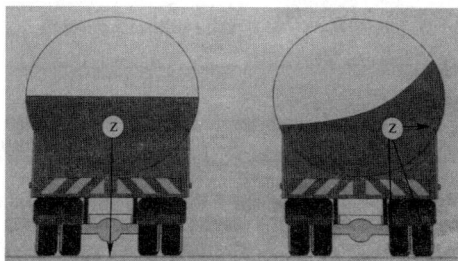

⬛ 知识链接

(1)常压罐车的装满是相对的。在实际充装过程中,需要考虑充装系数,以在罐体内预留气相空间,解决液体危险货物遇热膨胀溢出问题。充装系数一般为5%~10%。

(2)在实际运输过程中,许多常压罐车按许可的充装介质充装、装满后,会出现超载,也就是我们常说的"小车大罐""本质超载"现象。

为了杜绝"小车大罐""本质超载"现象，许可部门要严把许可关，核查"罐车载货后的总质量应当与车辆核定载质量相匹配"情况，也因此提出了"一车一罐一品（一类品种）"的概念。危险货物道路运输企业在使用常压罐车运输危险货物时，也具有核查"罐车载货后的总质量应当与车辆核定载质量相匹配"的义务，应避免因所运液体密度不同造成超载或罐体无法装满的情况。

32. 常压罐车都要安装紧急切断装置吗？

问：严老师，您好！请问常压罐车都要安装紧急切断装置吗？

答：《道路运输液体危险货物罐式车辆 第1部分：金属常压罐体技术要求》（GB 18564.1—2006）5.8.2规定，罐体设计代码第三部分为B时，罐体底部装卸口第一道阀门应为紧急切断装置，且应符合5.5.3.2的规定。对常压罐车安装紧急切断装置，是罐体设计、制造单位的法定职责。如常压罐车未按照GB 18564.1—2006的规定安装紧急切断装置，则为"缺陷产品"，应予以召回。同时应追究罐体设计、制造单位的违法行为。

33. 专用车辆强制报废年限是多少？

问：严老师，您好！请问专用车辆强制报废年限是多少？

答：《机动车强制报废标准规定》（商务部、国家发展和改革委员会、公安部、环境保护部令2012年第12号）第五条规定，危险品运输载货汽车使用10年，危险品运输半挂车使用10年。

34. 运输罐式集装箱时应注意什么？

问：严老师，您好！请问运输罐式集装箱应注意哪些问题？

按照有关规定，用一辆集装箱车可以运输两个标准罐式集装箱（ISO - TANK，也称集装罐），且两个标准罐式集装箱内可装载不同危险类别的危险货物。请问，如果将集装箱车进行优化，如将一个40英尺的集装箱车定制成4个单独的集装小厢车，左右双开门，那么在每个小的集装箱内装载不同危险类别的危险货物，算混装吗？

答：可以用一辆集装箱车运输两个装载不同危险类别的危险货物的标准罐式集装箱，是因为在运输过程中，两个标准罐式集装箱及内部危险货物互不影响。但上述问题尚未遇到过，建议向有关部门具体征求建议。

35. 使用气瓶运输剧毒化学品时应注意什么？

问：严老师，您好！我是某市运输管理机构的工作人员。我市按照规定为某集装箱运输专用车辆配发了运输剧毒化学品的《道路运输证》。但检查中发现，该集装箱运输专用车辆未运输集装箱，而是通过在车辆周围增加移动的栏板，运输氯气钢瓶，且载质量超过10t。请问,这种情况该如何处罚？

答:首先,集装箱运输专用车,必须运输集装箱。

其次,《危规》规定,运输剧毒化学品、爆炸品、强腐蚀性危险货物的非罐式专用车辆,核定载质量不得超过10t,但符合国家有关标准的集装箱运输专用车辆除外。故这种情况违反了《危规》。而且使用上述车辆运输液氯钢瓶,虽未超范围经营,但非常不科学,至于是否涉嫌车辆改装,可拍摄照片,移交公安机关。如运输非剧毒化学品,属于超范围经营,违反了《危规》第五十九条第三款"超越许可事项,从事道路危险货物运输的"的规定。

液氯气瓶图示

再次,因剧毒化学品有200多种且包装方式存在差异,故建议根据集装箱运输专用车辆的适用性,在"经营范围"处细分物质,如"剧毒化学品""三氧化二砷(白砒)"。如企业改变了许可初衷,可要求企业限期整改,达到许可要求,不整改的,吊销原许可。

三氧化二砷图示

36.运输瓶装质量为1t的液氯时应注意什么？

问:严老师,您好！请问瓶装质量为1t的液氯(外观类似稍大的液化气钢瓶),应定性为液氯包装物,还是移动罐体？

答:液氯为剧毒化学品[氯(液化的)、液氯,UN 1017]。《危规》规定,运输剧毒化学品、爆炸品、易制爆危险化学品的,应当配备罐式、厢式专用车辆或压力容器等专用容器。同时考虑到液氯是用气瓶(压力容器)充装的,故可以看作是液氯包装物,可用普通货车运输气瓶装的液氯。

普通货车运输气瓶装的液氯图示   违法运输气瓶图示

37. 运输管理机构可以对危险货物道路运输企业从业人员组织培训吗?

问:严老师,您好!请问运输管理机构可以对危险货物道路运输企业从业人员组织培训吗?

答:根据《安全生产法》第二十一条和《危险化学品安全管理条例》第四条的规定,危险货物道路运输企业从业人员应接受安全生产教育和培训,且组织培训的责任主体是"生产经营单位",即生产经营单位的企业法人代表(主要负责人)对本单位的安全生产工作全面负责。同时,企业可将具体培训工作社会化,如企业组织从业人员参加第三方(中介、院校等)组织的有关培训。

另外,《危险化学品安全管理条例》规定,危险货物道路运输企业从业人员应经所在地设区的市级人民政府交通部门考核合格,取得上岗资格证,方可上岗作业。

因此,运输管理机构应组织危险货物道路运输企业从业人员的资格考试,颁发上岗资格证,也可组织相应的培训。

38. 运输管理机构可以依据《安全生产法》对危险货物道路运输企业进行行政处罚吗?

问:严老师,您好!有一家危险货物运输企业,已连续出现两次事故,一次为少量泄漏,一次为罐体倾斜,经调查,该企业安全生产教育培训不到位。请问,运输管理机构可否按照《安全生产法》第九十一、九十三、九十四条的规定对其进行停业整顿和罚款的行政处罚?

答:可以。该问题是《安全生产法》"法律责任"中行政处罚的执法主体问题。

《安全生产法》"法律责任"中行政处罚的执法主体主要有两种情况:一是未明确行政处罚主体,如第九十一、九十三、九十四条等;二是明确行政处罚主体为安全生产监督管理部门,如第九十二、一百零六条。

《安全生产法》第一百一十条规定,本法规定的行政处罚,由安全生产监督管理部门和其他负有安全生产监督管理职责的部门按照职责分工决定。给予关闭的行政处罚由负有安全生产监督管理职责的部门报请县级以上人民政府按照国务院规定的权限决定;给予拘留的行政处罚由公安机关依照治安管理处罚法的规定决定。

在"法律责任"中没有明确行政处罚主体的,应该是"其他负有安全生产监督管理职责的部门——对有关行业、领域的安全生产工作实施监督管理的部门",也就是行业、领域的主管部门。如《安全生产法》第九十四条中,对未按照规定经考核合格的道路运输单位的主要负责人和安全生产管理人员,应是由交通运输部门执行行政处罚,而不是安全生产监督管理部门。

通过上述分析,交通运输部门可以按照《安全生产法》第九十一、九十三、九十四条规定对其进行停业整顿和罚款的处罚。

同时建议进一步研究《公路水路行业安全生产隐患治理暂行办法》第四十四条内容:属地负有安全生产监督管理职责的交通运输管理部门对督促检查、社会举报核实发现的未按要求有效开展隐患排查或整改的生产经营单位,应当下达督促整改通知书,明确存在问题和整改要求,责令限期整改。

39. 运输管理机构可以对民用爆炸物品运输企业许可危险货物道路运输吗?

问:严老师,您好!我是某市运输管理机构的工作人员,请问我单位可否对辖区内某民用爆炸物品运输企业核发经营范围为"危险货物运输"的《道路运输经营许可证》?

答:首先,目前尚无交通运输部门对"民用爆炸物品"进行道路运输经营许可的法律依据,故你单位不可核发经营范围为"民用爆炸物品"的《道路运输经营许可证》。根据《民用爆炸物品安全管理条例》,民用爆炸物品道路运输应由有关部门进行许可。

其次,交通运输部门根据《道路运输条例》《危规》,可对申请危险货物(包括"爆炸品")道路运输的企业进行经营许可。但许可是根据企业申请的事由(事项)进行的,与申请企业名称无关。即如该企业申请"爆炸品"的运输,你单位可依法核发,如该企业申请"民用爆炸品"的运输,你单位无权核发,如已核发,应撤销许可,收回《道路运输经营许可证》。切不可在许可时更改企业的申请事项。

40. 运输管理机构可以对民用爆炸物品运输企业的违法运输行为进行处罚吗?

问:严老师,您好!我是某市运输管理机构的工作人员,在一次危险货物运输市场专项整治过程中,我单位查获两辆满载鞭炮的大型货车。其中一辆货车有经营范围为"危险货物运输"的《道路运输经营许可证》,但无"危险品"《道路运输证》,另外一辆货车未取得适用危险货物运输的《道路运输经营许可证》和《道路运输证》。我单位分别根据《××省道路运输市场管理条例》和《危规》对两辆货车进行了处罚。请问上述处罚是否正确?在没有地方立法,且没有明确法律法规要求的情况下,该如何处罚?

答:首先,要明确:(1)"鞭炮"属于民用爆炸品(物品);(2)民用爆炸品运输不适用《危险化学品安全管理条例》而适用《民用爆炸物品安全管理条例》(国务院令第466号);(3)依据《民用爆炸物品安全管理条例》,由有关部门对民用爆炸物品实施管理和处罚。且《民用爆炸物品管理条例》中未涉及交通运输部门的管理职责,故交通运输部门不能对民用爆炸品运输进行管理,更不能进行处罚。因此,你单位对两辆货车的处罚是错误的。

其次,依据《民用爆炸物品安全管理条例》,未经许可运输民用爆炸物品的,由公安机关责令停止非法运输活动,并应由公安机关予以处罚。故你单位查获上述两辆货车后,应依法及时移交公安机关。

知识链接

《民用爆炸物品安全管理条例》(国务院令第466号)第三条规定,国家对民用爆炸物品的生产、销售、购买、运输和爆破作业实行许可证制度。

第四条第二款规定,公安机关负责民用爆炸物品公共安全管理和民用爆炸物品购买、运输、爆破作业的安全监督管理,监控民用爆炸物品流向。

第二十六条规定,运输民用爆炸物品,收货单位应当向运达地县级人民政府公安机关提出申请,并提交包括下列内容的材料……

第四十四条第四款规定,违反本条例规定,未经许可购买、运输民用爆炸物品或从事爆破作业的,由公安机关责令停止非法购买、运输、爆破作业活动,处5万元以上20万元以下的罚款,并没收非法购买、运输以及从事爆破作业使用的民用爆炸物品及其违法所得。

41. 运输管理机构对违法运输危险货物的行为如何处理?

问:严老师,您好!我是某市运输管理机构的工作人员,近日发现多辆从新疆维吾尔自治区、青海省驶来的满载危险货物,但《道路运输证》上标注"普通货运"的大型货车,且其持有同样的"罚没款收据":罚款200元,备注栏内写着"1、无危险品道路运输经营许可证;2、无危险品道路运输证;3、无危险品驾驶人员从业资格证;4、无危险品押运人员证"等字样。当我单位依法责令其驳载、罚款时,他们便电话投诉我单位,理由是违反"一事不再罚"原则,请问对于这种情况我们该怎么?

答:首先,根据《危险化学品安全管理条例》和国务院办公厅印发的《危险化学品安全综合治理方案的通知》(国办发〔2016〕88号),危险化学品道路运输应纳入《危规》管理。

其次,根据《刑法》,违反危险化学品安全管理规定运输危险化学品,危及公共安全的,移送公安机关并由公安机关依法处理。故你单位对于上述情况,可移送公安机关,同时将出具"罚没款收据"的单位移交有关部门。

知识链接

《刑法》第一百三十三条之一规定,在道路上驾驶机动车,违反危险化学品安全管理规定运输危险化学品,危及公共安全的,处拘役,并处罚金;机动车所有人、管理人对上述行为负有直接责任的,依照前款的规定处罚。

《危险化学品安全管理条例》第四十三条规定,从事危险化学品道路运输、水路运输的,应当分别依照有关道路运输、水路运输的法律、行政法规的规定,取得危险货物道路运输许可、危险货物水路运输许可,并向工商行政管理部门办理登记手续。

42. 停车场可以位于异地吗?

问:严老师,您好!我局正受理一家新能源企业获取危险货物道路运输经营许可的申请。经查阅申报材料发现,该公司的注册地在 A 市(总公司所在地),而其专用车辆停车场却在毗邻的 B 市(分公司所在地,生产、销售、停车均在此处),两地相距仅 1km,但在地域上不属于同一地市,违反了《危规》第八条"自有或租借期限为 3 年以上,且与经营范围、规模相适应的停车场地,停车场地应当位于企业注册地市级行政区域内"的规定。但因该公司属于国家鼓励类节能减排的高新科技企业,当地政府希望我局给予一定的支持,不知该怎么办?

答:根据《危规》"停车场地应当位于企业注册地市级行政区域内"的规定,你局只可许可所辖区域内的危险货物道路运输企业,为了便于管理并实施有效的监督,其停车场也必须在你局所辖区域内。

43. 从业资格和职业资格的区别是什么?

问:严老师,您好!请问从业资格和职业资格的区别是什么?

答:从业资格,是指从事某一专业(工种)学识、技术和能力的起点标准,要求从业人员依据国家法规"考试合格持证上岗"。如《道路运输条例》规定,危险货物道路运输驾驶人员、装卸管理人员、押运人员,应经所在地设区的市级人民政府交通主管部门考试合格,取得上岗资格证。

职业资格是指政府对某些责任较大,社会通用性强,关系公共利益的专业(工种)实行准入控制,是从事某一特定专业(工种)学识、技术和能力的必备标准。如厨师可以参加职业资格考试,取得不同等级的厨师证书。但未取得厨师证书也可从事厨师工作。

《道路运输从业人员管理规定》第六条规定,国家对经营性道路客货运输驾驶人员、道路危险货物运输从业人员实行从业资格考试制度。其他已实施国家职业资格制度的道路运输从业人员,按照国家职业资格的有关规定执行。从业资格是对道路运输从业人员所从事的特定岗位职业素质的基本评价。经营性道路客货运输驾驶人员和道路危险货物运输从业人员必须取得相应从业资格,方可从事相应的道路运输活动。机动车维修企业、机动车驾驶员培训机构优先聘用取得国家职业资格的从业人员从事机动车维修和机动车驾驶人员培训工作。

人力资源和社会保障部印发的《关于公布国家职业资格目录的通知》,公布了国家职业资格目录。其中涉及交通运输行业的国家职业资格目录如下：

<table>
<tr><td colspan="4" align="center">国家职业资格目录清单</td></tr>
<tr><td colspan="4" align="center">一、专业技术人员职业资格</td></tr>
<tr><td>序号</td><td>职业资格名称</td><td>实施部门(单位)</td><td>资格类别</td></tr>
<tr><td>16</td><td>注册验船师</td><td>交通运输部、农业部、人力资源和社会保障部</td><td>准入类</td></tr>
<tr><td>17</td><td>船员资格(含船员、渔业船员)</td><td>交通运输部、农业部</td><td>准入类</td></tr>
<tr><td>45</td><td>机动车检测维修专业技术人员职业资格</td><td>交通运输部、人力资源和社会保障部</td><td>水平评价类</td></tr>
<tr><td>46</td><td>公路水运工程试验检测专业技术人员职业资格</td><td>交通运输部、人力资源和社会保障部</td><td>水平评价类</td></tr>
<tr><td colspan="4" align="center">二、技能人员职业资格</td></tr>
<tr><td rowspan="2">6</td><td>关于道路运输服务人员</td><td rowspan="2">道路客运汽车驾驶人员、道路货运汽车驾驶人员</td><td rowspan="2">交通运输行业技能鉴定机构</td><td rowspan="2">准入类</td></tr>
</table>

序号		职业资格名称	实施部门(单位)	资格类别
6	关于道路运输服务人员	道路客运汽车驾驶人员、道路货运汽车驾驶人员	交通运输行业技能鉴定机构	准入类
		机动车驾驶教练员		
7	关于轨道交通运输服务人员	轨道列车司机	交通运输、铁路行业技能鉴定机构	准入类
69	关于汽车摩托车修理技术服务人员	汽车维修工	交通运输行业技能鉴定机构、人社部门技能鉴定机构会同有关行业协会	水平评价类
		摩托车修理工	人社部门技能鉴定机构会同有关行业协会	

附录一 《关于进一步规范限量瓶装氮气等气体道路运输管理有关事项的通知》(交运发〔2017〕96号)

各省、自治区、直辖市、新疆生产建设兵团交通运输厅(局、委):

为贯彻落实党中央、国务院关于推进供给侧结构性改革和降低实体经济企业成本的决策部署,深化交通运输放管服改革,促进物流业降本增效,保障限量瓶装氮气等气体安全、便利运输,更好地满足社会需要,根据中国工业气体工业协会,中国商业联合会,中国石油和化学工业联合会等单位的申请,经组织专家研究论证,决定对氮、氦、氖、氩、氪、氙等低危气体,符合相关要求时,在道路运输环节按照普通货物进行管理。现就有关事项通知如下:

一、对于使用符合国家特种设备安全技术规范《气瓶安全技术监察规程》(TSG R0006)无缝气瓶,运输压缩氮(UN 1066)、压缩氦(UN 1046)、压缩氖(UN 1065)、压缩氩(UN 1006)、压缩氪(UN 1056),单个气瓶公称容积不超过 50L,每个运输单元所运输的压缩气体气瓶总水容积不超过 500L 的,在道路运输环节按照普通货物进行管理,豁免其关于运输企业资质、专用车辆和从业人员资格等有关危险货物运输管理要求。

二、对于使用符合国家特种设备安全技术规范《气瓶安全技术监察规程》(TSG R0006)无缝气瓶,运输氙(UN 2036),单个气瓶公称容积不超过 50L,每个运输单元所运输的氙净充装质量不超过 500kg 的,在道路运输环节按照普通货物进行管理,豁免其关于运输企业资质、专用车辆和从业人员资格等有关危险货物运输管理要求。

三、对于使用符合国家特种设备安全技术规范《气瓶安全技术监察规程》(TSG R0006)焊接绝热气瓶,运输冷冻液态氮(UN 1977)、冷冻液态氦(UN 1963)、冷冻液态氖(UN 1913)、冷冻液态氩(UN 1951),单个气瓶公称容积不大于 175L,每个运输单元所运输的冷冻液化气体净充装质量不超过 500kg 的,在道路运输环节按照普通货物进行管理,豁免其关于运输企业资质、专用车辆和从业人员资格等有关危险货物运输管理要求。

四、从事限量瓶装氮、氦、氖、氩、氪、氙气瓶运输的企业应当按照《限量瓶装氮、氦、氖、氩、氪、氙道路运输指南》(以下简称《指南》)要求,对驾驶人员进行培训,使用符合要求的车辆进行运输,做到轻装轻卸及妥善固定,确保气瓶阀门关严,出现泄漏或者交通事故等紧急情况应当按照程序进行紧急处置。

五、托运人及其他相关参与方应当切实履行《指南》规定的责任和义务。氮、氦、氖、氩、氪、氙的包装、标签使用或者数量不满足本通知要求时,在道路运输环节不得按照普通货物进行托运和运输。中国工业气体工业协会、中国商业联合会、中国石油和化学工业联合会要对会员企业积极开展政策宣贯、培训,跟踪掌握会员企业托运合规情况,加强行业自律,促进运输安全。

六、各地交通运输管理部门要会同有关部门加强对相关法律、行政法规及本文件宣传,依法督促托运人及运输企业及其他参与方按照《指南》落实安全生产主体责任,加强执法检查,严格依法查处瓶装氮、氦、氖、氩、氪、氙违法托运及运输行为,切实保障运输安全。

附件:《限量瓶装氮、氦、氖、氩、氪、氙道路运输指南》(略)

交通运输部
2017 年 7 月 3 日

附录二 中华人民共和国道路运输从业人员从业资格证式样

中华人民共和国

道路运输从业人员

从业资格证

中华人民共和国交通运输部制

（封底）

（封面）

照

片

（二寸）

发证机关（钢印）

编号：No.

（封二）

（第1页）

姓　名		性别	
出生日期		国籍	
住　址			
证　号			
准驾车型			
二维码区			

（第2页）

发证机关	从业资格类别：
	初次领证日期　　年　月　日
	有效起始日期　　年　月　日
	有效期限　　　　　（盖章）
发证机关	从业资格类别：
	初次领证日期　　年　月　日
	有效起始日期　　年　月　日
	有效期限　　　　　（盖章）
发证机关	从业资格类别：
	初次领证日期　　年　月　日
	有效起始日期　　年　月　日
	有效期限　　　　　（盖章）

（第3页）

注册（登记）记录

从业资格类别	记录内容

（第4页）

继续教育记录

从业资格类别	记录内容

（第5页）

诚信(信誉)考核记录

从业资格类别	年度	考核结果

(第6页)

违章和计分记录

从业资格类别	记 录 内 容

(第7页)

违章和计分记录

从业资格类别	记 录 内 容

(第8页)

证件使用说明

1.本证为道路运输从业资格的有效证件,在全国范围内通用,必须随身携带。

2.本证有效期届满30日前需到原发证机关办理换证手续。本证遗失、毁损或变更的,需到原发证机关办理证件补发或变更手续。

3.持证人员需按从业资格管理规定进行注册(登记),并按期进行继续教育、诚信(信誉)考核。

(第9页)

说明：

（1）封面。

字体字号分别为：

"中华人民共和国道路运输从业人员"——17磅汉仪楷体简体，烫金压凹。

"从业资格证"——24磅汉仪楷体简体，烫金压凹。

"国徽"——宽33mm，高35mm，烫金压凹。

（2）封底。

"中华人民共和国交通运输部制"——10磅汉仪楷体简体，压凹。

（3）成品尺寸：宽80mm，高115mm。

（4）第2、3页内容只能打印，禁止手写或者涂改。采用电子证件的，应当包含本式样所确定的相关信息。

（5）第3页发证机关栏中，每栏的从业资格类别打印1类从业资格类别汉字全称，示例：经营性道路旅客运输驾驶员。每证不超过3类从业资格类别，按取得从业资格的先后顺序由上到下依次打印。

（6）第4～8页注册（登记）、继续教育、诚信（信誉）考核、违章和计分等记录对应的从业资格类别栏打印从业资格类别汉字简称，示例：客运驾驶员。